Fundamentos teóricos e metodológicos dos anos iniciais

SÉRIE FORMAÇÃO PEDAGÓGICA

Graziela Macuglia Oyarzabal

Fundamentos teóricos e metodológicos dos anos iniciais

Editora
intersaberes

EDITORA intersaberes

Av. Vicente Machado, 317 . 14º andar
Centro . CEP 80420-010 . Curitiba . PR . Brasil
Fone: (41) 2103-7306
www.editoraintersaberes.com.br
editora@editoraintersaberes.com.br

CONSELHO EDITORIAL
Dr. Ivo José Both (presidente)
Drª. Elena Godoy
Dr. Nelson Luís Dias
Dr. Ulf Gregor Baranow

EDITOR-CHEFE
Lindsay Azambuja

EDITOR-ASSISTENTE
Ariadne Nunes Wenger

PROJETO GRÁFICO
Raphael Bernadelli

CAPA
Adoro Design

1ª edição, 2013.
Foi feito o depósito legal.

Informamos que é de inteira responsabilidade da autora a emissão de conceitos.

Nenhuma parte desta publicação poderá ser reproduzida por qualquer meio ou forma sem a prévia autorização da Editora InterSaberes.

A violação dos direitos autorais é crime estabelecido na Lei nº 9.610/1998 e punido pelo art. 184 do Código Penal.

Dados Internacionais de Catalogação na Publicação (CIP)
(Câmara Brasileira do Livro, SP, Brasil)

Oyarzabal, Graziela Macuglia
Fundamentos teóricos e metodológicos dos anos iniciais/Graziela Macuglia Oyarzabal. – Curitiba: InterSaberes, 2013. – (Série Formação Pedagógica).

Bibliografia
ISBN 978-85-8212-479-6

1. Ensino fundamental 2. Pedagogia – Estudo e ensino 3. Prática de ensino 4. Professores – Formação profissional I. Título. II. Série.

12-08880　　　　　　　　　　　　　　CDD-370.712207

Índices para catálogo sistemático:
1. Ensino fundamental: Teoria e metodologia: Educação: Estudo e ensino 370.712207

Sumário

Apresentação, VII

(1) Fundamentos do ensino fundamental, 11
    1.1   O papel do ensino fundamental na educação básica, 14
    1.2   Quem deve ofertar o ensino fundamental, 18
    1.3   As funções sociais do ensino, 19
    1.4   A escola e seu currículo, 24

(2) A organização da educação brasileira, 31
    2.1   Da educação informal à formal, 34
    2.2   A história da educação brasileira, 36
    2.3   Da educação e da escolarização, 40

(**3**) O ensino fundamental na estrutura organizacional da educação brasileira, 57

    3.1 Histórico do novo ensino fundamental, 60

    3.2 Orientações legais, 64

    3.3 Proposta pedagógica: elementos para reflexão, 70

    3.4 Desafios à vista, 72

(**4**) A escola: sua realidade e organização, 77

    4.1 A realidade escolar brasileira, 80

    4.2 Tendências pedagógicas, 84

    4.3 A escola e sua estrutura organizacional, 88

    4.4 As incumbências das escolas segundo a LDBEN/1996, 93

(**5**) A pesquisa no ensino fundamental, 99

    5.1 Reflexão inicial, 102

    5.2 O que é pesquisa?, 103

    5.3 A pesquisa em educação, 104

    5.4 O ensino como pesquisa, 106

(**6**) Os tempos e os espaços no ensino fundamental, 121

    6.1 Pensando sobre o tempo e o espaço, 124

    6.2 A escola e sua relação com o tempo e o espaço, 126

    6.3 Inovando o tempo, 132

    6.4 Inovando o espaço, 138

(**7**) Alfabetização e letramento no ensino fundamental, 147

    7.1 Contextualizando o mundo da escrita, 150

    7.2 Alfabetização e letramento: conceitos ainda em discussão, 155

    7.3 A abordagem metodológica na sala de aula, 158

Referências, **169**

Gabarito, **175**

Apresentação

Manchetes sobre gravidez precoce na adolescência, baixo índice de acesso às escolas de educação infantil, protesto de pais contra algumas modificações na organização e no funcionamento da educação, reserva de vagas sociais e raciais no ensino superior e tantos outros assuntos aparecem estampadas diariamente nos jornais, denunciando as mazelas da educação em nosso país.

Encontramos dados relevantes sobre essas mazelas da educação brasileira, na Pesquisa Nacional por Amostra de Domicílios (PNAD)[a], realizada em 2006 pelo Instituto Brasileiro de Geografia e Estatística (IBGE). Entre eles, podemos destacar que a frequência escolar de adolescentes entre 15 e 17 anos é de cerca de 81%, mas apenas 45% cursam o ensino médio, etapa prevista para essa faixa etária. Os demais ainda se encontram no ensino fundamental. Além disso, os alunos levam mais tempo que o previsto para completar a escolarização obrigatória (em média, um ano a mais para os anos iniciais e dois anos a mais para todo o ensino fundamental).

A educação escolar, responsabilidade do Estado e da sociedade, conforme prevê a legislação de nosso país, tem como dever propiciar aos indivíduos a educação básica, composta pela educação infantil e pelos ensinos fundamental e médio. No entanto, ela acaba por não chegar a todos eles, como se constata nos dados da PNAD. Muitos problemas precisam ser solucionados no que diz respeito ao acesso do aluno à escola e sua permanência nela, à correção da defasagem idade/série (fluxo escolar), ao combate ao analfabetismo, bem como à introdução de novas tecnologias nas escolas, à preparação dos professores e à gestão dos recursos econômicos.

O ensino fundamental, especialmente devido à sua obrigatoriedade, precisa, além de abranger toda a população, garantir uma educação de qualidade, ou seja, uma educação promotora da verdadeira formação integral, que contemple diferentes linguagens, espaços e tempos, mescle múltiplas culturas, favoreça o convívio com a diversidade e com o lúdico e resulte na compreensão do mundo e na possibilidade de nele intervir.

É tempo de repensar e mudar a escola, desde o seu espaço e sua estrutura interna até a construção coletiva

---

a. Brasil (2008c).

dos que nela vivem diariamente. É tempo de cada professor e cada aluno ser protagonista dessa mudança. É tempo de construir uma proposta pedagógica capaz de superar a mera repetição de conhecimentos naturalizados.

A escola não é apenas um prédio escolar: é um ponto de encontro entre sujeitos que estão fazendo a história da sociedade que os cerca, a sua própria e a de seu país. Portanto, a educação escolar precisa ser vivida plenamente, pelo prazer de aprender e ensinar a compreender o mundo, todos vivenciando esse processo juntos, professores e alunos.

Tendo em vista as considerações feitas, o objetivo deste livro é discutir os vários fundamentos teóricos e metodológicos presentes no ensino fundamental oferecido hoje em nossas escolas. Pretende ainda apontar elementos que venham a contribuir com a construção de pressupostos teóricos e práticos pelo professor em formação, considerando sua atual e futura prática profissional, voltada ao enfrentamento de condições materiais que possam cercar suas ações pedagógicas.

A organização dos capítulos e a distribuição do conteúdo têm por base dados e práticas do nosso cotidiano. Ao confrontarmos tais práticas com a teoria, apresentamos elementos que direcionam a reflexão dos professores sobre a realidade escolar e suas possibilidades de mudanças.

O primeiro capítulo traz uma breve apresentação sobre o ensino fundamental e os vários princípios implicados nessa etapa da educação escolar. O segundo capítulo aborda a organização da educação brasileira e traz os elementos históricos de sua constituição, estrutura e funcionamento, de acordo com os contornos legais vigentes no país. No terceiro capítulo, abordamos a nova organização do ensino fundamental, que, desde 2005, passou a ter a duração de 9 anos, com o ingresso da criança aos 6 anos de idade.

O tema da escolarização na realidade brasileira é estudado no quarto capítulo, buscando-se, na estrutura organizacional da escola, a identificação e a interação entre os diversos elementos que a formam e definem o seu funcionamento. O quinto capítulo discute a prática da pesquisa nas escolas de ensino fundamental, mostrando que esse é um caminho possível quando se pretende formar alunos e professores críticos quanto à sua realidade.

Examinamos, no sexto capítulo, a organização dos tempos e espaços na escola, vinculando-a às propostas pedagógicas desenvolvidas e mostrando que tempo e espaço não são neutros no interior da instituição educativa, como geralmente se pensa. Por fim, no sétimo capítulo, tratamos das práticas de alfabetização e de letramento presentes nas escolas, baseadas na valorização exacerbada da escrita em nossa sociedade. Veremos que, quanto mais essas práticas estiverem relacionadas com o contexto dos educandos, mais significativos se tornarão os processos de compreensão da leitura e da escrita.

É importante ainda ressaltar que, mais do que trazer certezas, nossa intenção foi problematizar os temas abordados, lançando novas incertezas para estimular novos estudos e debates. Indicamos fontes consultadas e outras complementares, proporcionando ao leitor em formação maior autonomia para construir seu próprio referencial teórico. A exemplo de Paulo Freire, acreditamos que o melhor aluno não é aquele que responde corretamente às perguntas do professor, mas aquele que sabe perguntar.

Desejamos uma boa leitura, um estudo comprometido e uma constante reflexão sobre as questões suscitadas.

(1)

Fundamentos do
ensino fundamental

Graziela Macuglia Oyarzabal graduou-se na Universidade Federal do Rio Grande do Sul (UFRGS), em 1997, no curso de Pedagogia – Séries Iniciais. Fez mestrado em Educação na mesma universidade em 2001, abordando o tema "Os sentidos discursivos sobre formação de professores, prática pedagógica e reforma educativa no dizer de professoras de anos iniciais do ensino fundamental de escolas de Porto Alegre". Em 2006, concluiu, também na UFRGS, o doutorado em Educação, com o tema "Os sentidos discursivos enunciados por professores, pais e alunos sobre a escola por ciclos". Integra há mais de dez anos o Grupo de Pesquisa sobre Formação de Professores para o Mercosul/Cone Sul, em que hoje exerce a função de secretária executiva.

Trabalhou por cinco anos como professora em turmas dos anos iniciais do ensino fundamental em escolas de Porto Alegre. É autora de artigos na área educacional e participou da organização dos livros "Estratégias educacionais no Mercosul" (1999), "A formação do educador como pesquisador no Mercosul/Cone Sul" (2003) e "História e formação de professores no Mercosul/Cone Sul" (2004).

Cada sociedade formula seu ideal de educação com base nas contradições inerentes à sua estrutura política, econômica, social e filosófica. Numa sociedade democrática como a nossa, preconiza-se a educação para a cidadania. Entretanto, para sua efetivação, é necessário muito mais do que apenas incluir esse tema na legislação ou nas propostas das escolas. Examinaremos, neste capítulo inicial, como se configura o ensino fundamental, tomando como base os diversos preceitos que o constituem.

(1.1)

O papel do ensino fundamental na educação básica

Desde 1996, com a promulgação da nova Lei de Diretrizes e Bases da Educação Nacional (LDBEN), Lei n° 9.394, de 20 de dezembro de 1996 (Brasil, 1996), a educação brasileira compreende dois níveis: a educação básica e a educação superior. A primeira é formada por três etapas consecutivas: educação infantil, ensino fundamental e ensino médio. A denominação *educação básica* é uma tentativa de indicar que todo brasileiro, sem distinção, deveria cumprir essas três etapas e, caso fosse de seu interesse, prosseguir com seus estudos em nível superior. Entretanto, essa ideia da educação básica não vem se concretizando plenamente em nosso país.

Um dos motivos desse problema é o fato de que apenas o ensino fundamental é obrigatório e gratuito. Assim, muitas crianças acabam ingressando na escola sem ter frequentado a educação infantil e muitos alunos que completam o ensino fundamental não continuam seus estudos no nível médio. Na prática, a ideia de básico (essencial para todos) acaba se restringindo ao mínimo. Tanto a educação infantil quanto o ensino médio constituem um direito das crianças e dos jovens, mas não são obrigatórios por lei.

Após sua reorganização em 2005, o ensino fundamental teve sua duração ampliada para nove anos. Alterou-se também a idade mínima para ingresso nessa etapa, que hoje é de seis anos. Em sua estrutura atual, os primeiros cinco anos do ensino fundamental constituem os anos iniciais e os quatro últimos, os anos finais – as expressões *anos iniciais* e *anos finais* substituem os termos *séries iniciais* e *finais*, adotados na legislação anterior. Devido à flexibilidade que as escolas têm quanto à organização curricular, a unidade de organização pode ser chamada de *série, ano, período alternado, ciclo*, entre outras denominações. O termo *ano* tornou-se mais abrangente do que *série*, que corresponde hoje apenas a uma forma de organização curricular.

Consoante a LDBEN/1996, o objetivo do ensino fundamental é a formação básica do cidadão, envolvendo, conforme consta no seu art. 32:

[...]
I – o desenvolvimento da capacidade de aprender, tendo como meios básicos o pleno domínio da leitura, da escrita e do cálculo;
II – a compreensão do ambiente natural e social, do sistema político, da tecnologia, das artes e dos valores em que se fundamenta a sociedade;
III – o desenvolvimento da capacidade de aprendizagem, tendo em vista a aquisição de conhecimentos e habilidades e a formação de atitudes e valores;
IV – o fortalecimento dos vínculos de família, dos laços de solidariedade humana e de tolerância recíproca em que se assenta a vida social.
[...]

Pelos elementos presentes nesse artigo, podemos inferir que o ensino fundamental baseia-se em três grandes eixos: cognitivo, pessoal e social. Esses três eixos estão intrinsecamente relacionados, mas, para efeito de análise, enfocaremos um por vez.

O eixo cognitivo envolve a capacidade de aprendizagem dos conhecimentos escolares ligados às práticas de leitura, escrita, cálculos, artes, ambiente natural e social, entre outros. Esses conhecimentos de diversas áreas, ao serem apropriados pela escola, formam as disciplinas do currículo escolar. Sabemos que, historicamente, o currículo multidisciplinar, formado por várias disciplinas, privilegia aquelas cujos conhecimentos são provenientes da cultura científica. Elas ocupam a maior parte da carga horária e têm maior peso no momento da avaliação das aprendizagens dos alunos. Podemos citar, como exemplo, a presença, em grande parte dos currículos de ensino fundamental, de três a cinco períodos semanais de aulas de matemática e de português e apenas um ou dois períodos de aulas de educação física, artes e música.

Que significado tem essa forma de organização curricular? Em primeiro lugar, essa realidade não é exclusiva das escolas brasileiras. Na Espanha, por exemplo, são chamadas de *maria* as disciplinas consideradas de menor importância (Zabala, 2002, p. 43-87). Em segundo lugar, cabe assinalar que, nessa configuração, está presente uma concepção acerca do corpo infantil que o dissocia das ações mentais, expressivas e criativas, privilegiando mais a cabeça pensante que o corpo todo em ação, como se o exercício físico do corpo não implicasse ações cognitivas. Em terceiro lugar, a valorização de determinadas disciplinas em detrimento de outras legitima a formação propedêutica e seletiva característica de nosso sistema educativo, reproduzindo a ideia de que o ensino serve para preparar o aluno para o ingresso na universidade. Então, o objetivo maior, que seria a formação do cidadão, é substituído pelo objetivo exclusivo de alcançar uma formação universitária.

O segundo eixo, o pessoal, trata de aprendizagens relacionadas à aquisição de conhecimentos, habilidades, atitudes e valores relacionados, primeiramente, à formação da identidade pessoal e, posteriormente, à relação do indivíduo com os demais sujeitos dos grupos sociais nos quais convive. A dimensão pessoal, que envolve o autoconhecimento e estende-se ao convívio em sociedade, pressupõe um trabalho que visa desenvolver a autonomia, a cooperação, a solidariedade e a crítica, colaborando para que os indivíduos possam conviver com as diferenças nos grupos de que participam.

Até algum tempo atrás, reivindicava-se a igualdade entre os sujeitos. Hoje, sabe-se que isso, na prática, não é possível. Buscou-se, então, trabalhar com as múltiplas identidades na diversidade. Delors (2006), por exemplo, no relatório encomendado pela Unesco sobre a educação no século XXI, defende a ideia de que um dos quatro pilares da aprendizagem deve ser o aprender a ser, integrando-se aos outros três: aprender a conhecer, aprender a fazer e aprender a conviver. Essa ideia é justificada pelo fato de que, historicamente, a educação escolar tem se centrado no aprender a conhecer, em especial, e no aprender a fazer, distanciando-se da formação integral necessária à vida cotidiana das crianças e jovens. Zabala (2002) e Morin (2006) acrescentam a importância de nos conhecermos mais se realmente quisermos conhecer o outro e o mundo no qual vivemos. Os três autores citados defendem, por caminhos diversos, a ideia de que a educação escolar não deve estar vinculada exclusivamente à aprendizagem de conteúdos propedêuticos, mas sim estar concentrada numa organização de ensino que leve o aluno a conhecer sua realidade para posteriormente intervir nela.

O terceiro eixo, o social, acompanha o anterior, no sentido de que não somos seres isolados, ao contrário, estabelecemos inúmeras relações sociais em nosso cotidiano. Portanto, as aprendizagens ligadas ao autoconhecimento (formação da identidade) levam a melhores relações, em redes de cooperação, solidariedade, respeito, acolhida e tolerância. Ao nascermos, estamos inseridos em um grupo social restrito, a família, que vai se ampliando ao longo dos anos: o bairro, o clube, a igreja, a escola, o partido etc. As relações vão se multiplicando e o entendimento entre todos se faz pelo diálogo entre sujeitos com ideias, valores e atitudes próprias, contemplando as identidades individuais e culturais dos diferentes grupos sociais. O próprio eixo social constitui essa mediação entre o indivíduo e os demais componentes dos grupos sociais em que está inserido.

(1.2)
Quem deve ofertar o ensino fundamental

A responsabilidade pela oferta do ensino fundamental é dos municípios e dos estados, em regime de colaboração, conforme rezam a Constituição Federal de 1988 (Brasil, 1988) e a LDBEN/1996. O Poder Público atende a esses preceitos legais por meio da criação de escolas municipais e estaduais, conforme a dependência administrativa. Entretanto, a iniciativa privada também pode ofertar ensino fundamental (como qualquer outra etapa das educações básica e superior), desde que atenda à legislação da área.

Em nosso país, no que se refere ao ensino fundamental, a predominância de oferta é do Poder Público. Os dados do censo de 2006 realizado pelo Instituto Nacional de Estudos e Pesquisas Educacionais Anísio Teixeira (Inep), filiado ao Ministério da Educação (MEC), indicam que os governos estaduais e municipais são responsáveis por 90% das matrículas no ensino fundamental, conforme podemos visualizar na Figura 1.1, que apresenta dados de matrículas nessa etapa referentes a 29 de março de 2006.

No entanto, o Estado tem enfrentado grandes desafios para acompanhar qualitativamente o expressivo número de alunos matriculados. Entre os problemas concernentes a essa etapa, podemos citar: dificuldade de permanência dos alunos na escola, implicando reprovações e abandono sem conclusão da escolarização obrigatória; desvio ou má utilização dos recursos destinados à educação pública; aligeirada e descontextualizada formação dos professores, tornando-os meros executores de atividades em sala de aula. Esses e outros fatores têm suscitado interrogações permanentes a respeito da educação escolar pública.

(1.3) As funções sociais do ensino

A educação corresponde a um projeto de sociedade. Cada sociedade, a partir da sua constituição, imprime um sentido próprio à formação que deseja para os indivíduos que a integram. Esses ideais de formação serão expressos nas leis educacionais de cada país, sendo, posteriormente, traduzidos na ação pedagógica das escolas, que, por sua vez, também definem uma função social para o ensino, ou seja, decidem o tipo de aluno que querem formar e o tipo de sociedade que desejam. Cada instituição opta entre a manutenção da realidade atual ou a transformação desta. A escolha por determinada função social definirá a sua identidade e orientará todas as suas ações.

Figura 1.1 – Número de matrículas no ensino fundamental, por dependência administrativa

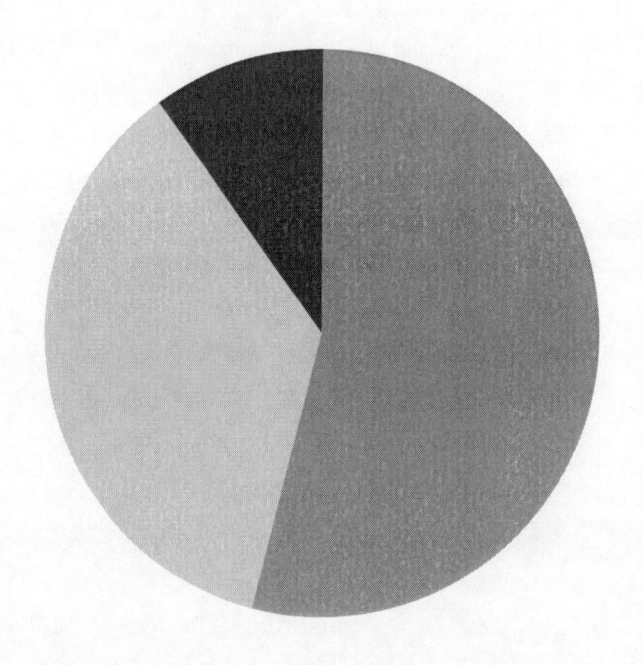

- 54% Municipal – 17.964.543
- 36% Estadual – 11.825.112
- 10% Privado – 3.467.977
- 0% Federal – 25.031 [1]

Fonte: Adaptado de Brasil, 2006b.

No entanto, essa identidade deve ser construída coletivamente e jamais ser externamente determinada, se a escola realmente quiser colocar seus ideais em prática. A proposta pedagógica de qualquer instituição escolar expressa um projeto político e cultural, justamente porque corresponde às opções assumidas pelo conjunto de sujeitos envolvidos com a ação pedagógica da instituição.

Segundo Zabala (2002), duas grandes funções sociais do ensino provocam tensão em nosso contexto educativo. Uma delas, a que o autor denomina de *propedêutica*, é predominante em nossas escolas, sendo caracterizada por um currículo composto de várias disciplinas, sem preocupação em relacionar os conteúdos trabalhados nelas. Em última instância, um currículo fragmentado tende a reproduzir o estado das coisas e contribuir para uma educação seletiva. O horizonte maior nessa função social é preparar os alunos para serem aprovados em processos seletivos de ingresso no ensino superior.

Como sabemos que apenas uma pequena parcela da população chega à universidade[a], assumir essa função social para o ensino é decretar publicamente a falência da educação escolar, pois grande parte dos alunos não tem acesso ao ensino superior. Essa tem sido a posição de Zabala, ao defender a tese de que nossa realidade social mundial necessita que a escola se ocupe de outras funções, que não sejam seletivas.

A segunda função social do ensino, conforme esse mesmo autor, é ensinar para a complexidade, ou seja, dar aos alunos a oportunidade de compreender a realidade em

---

a. Cerca de 11% da população brasileira entre 18 e 24 anos está matriculada no ensino superior (Porto; Régnier, 2003).

que vivem para poderem intervir nela. Isso não significa abandonar os conteúdos tradicionalmente ensinados pela escola, mas vinculá-los à realidade dos alunos, permitindo-lhes estabelecer relações e ampliar seus conhecimentos, por meio do conhecimento científico que nutre as disciplinas do currículo escolar. Essas disciplinas (que representam, na função propedêutica, um fim em si mesmo), no ensino para a complexidade, são os meios que possibilitam a formação de um cidadão consciente dos problemas globais, regionais e locais, bem como da sua responsabilidade na resolução desses problemas.

Na mesma direção, Morin (2002) afirma que o paradigma da transmissão dos conhecimentos aos alunos, caso do ensino tradicional, que enfatiza o acúmulo de informações em detrimento do tratamento destas, deve ser quebrado. Recupera a fala de Montaigne (citado por Morin, 2002) sobre a finalidade do ensino ao dizer que "mais vale uma cabeça benfeita que bem cheia". Isso significa que a realidade impõe a cada dia problemas dificilmente resolvidos com os conteúdos fragmentados que a escola tem ensinado. O aluno precisa aprender a estabelecer relações entre os fenômenos e a manejar conhecimentos, interconectando as diferentes áreas científicas e das humanidades.

Em nenhuma hipótese, a organização escolar é neutra, sobretudo quando se trata das disciplinas que formam o currículo e os conteúdos previstos. Essas escolhas sempre implicam uma posição política e ideológica, mostrando a favor de qual grupo social a escola está se alinhando. É ingênuo pensar que a prática pedagógica corresponde a uma "mera listagem de conteúdos ou grade curricular" (Kramer, 1997, p. 27). Quando se escolhe um conjunto de conteúdos a serem ensinados, outros são descartados. Essa escolha é intencional e reflete as concepções de mundo, de educação, de ser humano que se quer formar, bem como a função social definida como horizonte na instituição.

Além desses aspectos, há que se considerar ainda a cultura da escola. Segundo Libâneo, chama-se de *cultura escolar* "o conjunto de fatores sociais, culturais, psicológicos que influenciam os modos de agir da organização como um todo e do comportamento das pessoas em particular" (Libâneo, 2004, p. 106). Isso significa, conforme o referido autor, que não só as práticas e as regras previstas, mas também os aspectos culturais, que operam OCULTAMENTE nas ações de cada escola, diferenciam uma instituição da outra. Por exemplo: um professor que atua em duas escolas acaba tendo comportamentos diferenciados, conforme a cultura de cada uma delas.

Sabemos que a escola é uma instituição contraditória, que traz consigo sempre a oposição entre o velho e o novo, entre a reprodução e a transformação, e que isso é engendrado a partir das práticas sociais ali estabelecidas diariamente. Isso não significa que a proposta pedagógica da escola é determinista[b], mas que "toda proposta contém uma aposta" (Libâneo, 2004, p. 106), que vai se concretizando e, ao mesmo tempo, sendo repensada, porque histórica e resultante da ação humana.

---

b. Partidário da teoria que acredita que "no universo tudo decorre da uma relação de causa e efeito" (Houaiss; Villar, 2001, p. 140).

(1.4)

A escola e seu currículo

Cada escola formula sua proposta pedagógica com base na reflexão sobre a função social que almeja, organiza seu currículo de acordo com a reflexão precedente e registra suas ideias em documentos oficiais, como o regimento escolar, o projeto político-pedagógico e os planos de estudos, respeitando os contornos legais.

O currículo da escola representa, portanto, uma construção cultural, histórica e socialmente determinada, condicionando uma prática que será objeto de reflexão e teorização. Com esses elementos, Vilar (1994, p. 14) nos mostra que intenção e prática fundem-se no currículo escolar, afirmando que "o currículo é simultaneamente 'projeto' e 'prática', pois à escola compete concretizar, na prática, um determinado projeto. Ou seja, a escola torna explícito o seu 'projeto' por meio do currículo que concretiza pela 'prática'".

O projeto cultural da escola (a intenção, a sua função social) é determinado por diferentes esferas da sociedade (considerando aspectos políticos, econômicos, filosóficos etc.) e se concretiza com base em um conjunto de elementos presentes nas práticas pedagógicas. Definição de objetivos, seleção de conteúdos, escolha de metodologias, organização de espaços e tempos, definição das formas de avaliação, entre outros, são alguns desses elementos que materializam o currículo. Dessa forma, podemos dizer que ele é um artefato social e cultural, implicado em relações de poder e produtor de identidades individuais e sociais.

O currículo pode ser organizado de diferentes maneiras. Torres Santomé (1998) apresenta dois grandes modelos de organização curricular: o linear disciplinar e o integrado. O currículo linear disciplinar é formado por um conjunto de disciplinas justapostas. Esse modelo dá pouca atenção aos interesses e às experiências prévias dos alunos, a seus conflitos sociocognitivos e a seu entorno sociocultural, apoiando-se em pilares como a exigência exacerbada da memorização mecânica, a inflexibilidade de tempos e de espaços e a inibição da pesquisa.

Já o modelo integrado, segundo esse mesmo autor, permite que conteúdos culturalmente relevantes sejam trabalhados de forma mais significativa e abordados sob a perspectiva de diversas áreas do conhecimento. Esse tipo de currículo conduz os alunos ao pensamento interdisciplinar e considera diferentes possibilidades e pontos de vista. Favorece também um trabalho conjunto do corpo docente, pela necessidade de interação exigida para aproximar conceitos comuns trabalhados nas diferentes disciplinas. Além disso, no modelo integrado, os alunos são desafiados a trabalhar com base em problemas reais, examinando criticamente a presença ideológica nas questões culturais e sociais vinculadas ao seu contexto histórico (Torres Santomé, 1998).

O modelo linear disciplinar é bem conhecido, pois corresponde ao tipo de formação vigente na maioria das escolas. O modelo integrado, por sua vez, vem sendo defendido como uma inovação necessária, mobilizando escolas que acreditam na necessidade de mudança e criam estratégias para construir seu caminho nessa jornada (Torres Santomé, 1998).

Uma resposta à dispersão do conhecimento é a adoção dos métodos globalizados, ou seja, métodos de ensino completo, que rompem com o currículo fragmentado. Zabala (2002) acredita que os métodos globalizados contribuem para a organização de um ensino menos propedêutico e mais centrado no desenvolvimento integral dos alunos. Como exemplo de métodos globalizados, cita os projetos, os centros de interesse, entre outros. Ainda que estejam todos vinculados ao modelo curricular integrado, esses métodos têm características distintas. Projetos e centros de interesse, por exemplo, apresentam intenções e fases diferenciadas[c]. Cada escola (e cada professor) pode adotar o método mais adequado a seus pressupostos ideológicos, teóricos e práticos.

Nos anos iniciais do ensino fundamental, os métodos globalizados estão mais presentes nas práticas pedagógicas. Isso se deve ao fato de que cada turma tem apenas um professor regente e, quando muito, mais um ou dois educadores especializados em alguma área (educação física, artes, música etc.). O menor número de professores atuando em uma turma pode ser um fator facilitador na busca por um trabalho menos fragmentado, mas, para que isso realmente ocorra, é necessário que o professor (ou os professores) tenha a visão do todo, da contribuição possível das diferentes disciplinas que formam o currículo escolar no estudo a ser realizado.

Nos anos finais, o trabalho conjunto dos professores ainda é uma prática pouco presente nas escolas. As reuniões semanais, quinzenais ou mensais, quando existentes, acabam muitas vezes sendo direcionadas para tratar de assuntos mais administrativos, sobrando pouco tempo para de cunho pedagógico, em que os docentes possam estabelecer os pontos em comum a serem trabalhados

---

c. Para obter mais informações sobre a diferenciação entre essas duas formas de organização do trabalho pedagógico, consulte: Zabala (2002); Hernández (1998); Hernández; Ventura (2007).

semanalmente nas diferentes disciplinas. Entretanto, essa não é uma desculpa para não se tentar um trabalho mais integrado nos anos finais do ensino fundamental, além de sobrecarregar os professores que se propõem, individualmente, a organizar aulas com base em problemas que exijam a relação entre conhecimentos de diferentes disciplinas.

Os métodos globalizados são uma alternativa de organização do currículo quando se pretende sair da fragmentação entre as áreas do conhecimento, a qual origina as disciplinas escolares. Partindo de temas, problemas ou questões do contexto do grupo, que mobilizam tanto o professor quanto os alunos, esses métodos possibilitam aprendizagens mais reais e interessantes, independentemente de o currículo ser multidisciplinar (com disciplinas) ou metadisciplinar (sem disciplinas).

A presença dos métodos globalizados nos anos iniciais contrasta com sua descontinuidade na passagem dos alunos para os anos finais. Isso provoca um saldo negativo na maneira como os alunos se relacionam com os conteúdos escolares. Em outras palavras, há uma fissura na passagem dos anos iniciais aos anos finais, pois os alunos saem de uma abordagem mais integrada para uma abordagem fragmentada.

A solução encontrada por várias escolas para resolver essa situação é antecipar a vivência com a fragmentação, separando, desde os anos iniciais, o horário em disciplinas e fazendo com que cada uma delas seja ministrada por um professor diferente. Entretanto, isso antecipa também as dificuldades de aprendizagem dos alunos. Fragmentar o trabalho diário em disciplinas significa desconsiderar as características próprias de alunos de 6 a 10 anos de idade: lógica indutiva, pensamento concreto, reversibilidade em afirmação, domínio das operações lógico-matemáticas, experimentação da expressão por meio de diferentes linguagens, ludicidade, entre outras. Por que as escolas não transgridem, em favor do aluno, sua lógica linear naturalizada? Por que, em vez de anteciparem a lógica de fragmentação das disciplinas, não apresentam outras alternativas visando ao sucesso de seus alunos?

É interessante ressaltar que as atuais propostas pedagógicas das escolas, registradas em regimentos escolares ou projetos político-pedagógicos, expressam a opção de formar um aluno crítico, participativo e autônomo, construtor de uma nova realidade. Entretanto, na maioria dos casos, essa função social tem se caracterizado como uma promessa não cumprida. Vontade política? Organização? Verbas? Sempre há uma desculpa e algo sempre está faltando. Parece haver um conjunto de fatores internos e externos à escola que distanciam a formação ideal, preconizada em leis e documentos, daquela efetivamente oferecida. Em vez de procurar desculpas, o educador necessita de uma postura menos conformista e mais proativa.

A educação para a cidadania, algo tão defendido como imprescindível à educação do século XXI, não pode estar restrita a um documento oficial da escola, mas deve ser vivenciada continuamente. A cidadania é "uma prática histórica e socialmente construída, fundamentada nos princípios de dignidade, igualdade e liberdade, assim como nos de justiça, participação, solidariedade, respeito, não violência, direitos e obrigações" (Jares, 2005/2006, p. 9). A cidadania envolve a participação do cidadão nas decisões sobre assuntos públicos. Daí a necessidade de toda a população ter acesso a uma educação democrática e de qualidade. O Estado brasileiro, apesar dos esforços feitos nos últimos anos, ainda não atendeu totalmente a essa necessidade.

Educar o cidadão não é apenas incluir uma disciplina sobre cidadania no currículo escolar, cumprindo formalmente uma exigência prevista em uma educação democrática. A educação para a cidadania deve permear todas as ações da escola. Como vimos, esta se relaciona às práticas de justiça, solidariedade e não violência. Ao impor, de forma arbitrária, a organização de tempos e espaços, disciplinas, normas e atitudes, a escola está respeitando esses ideais?

(.)

Ponto final

As práticas escolares são influenciadas pelas diversas concepções e práticas que orientam a organização social, política, econômica e filosófica do país, representadas por contradições inerentes a uma economia globalizada. Em nosso país, o ensino fundamental, embora tenha, como etapa obrigatória da educação escolar, o objetivo de oferecer uma formação básica ao cidadão, nem sempre atinge essa meta.

Atividade

Leia as afirmações a seguir e assinale (V) para as verdadeiras e (F) para as falsas:

a. (　) A função social de uma escola exprime sua opção em favor de um tipo de ser humano e de sociedade e, consequentemente, seu ideal de educação.

b. (　) A escolha de conteúdos feita pela escola para formar o currículo é neutra, podendo ser copiada de outras escolas.

c. (   ) Segundo a legislação educacional, a flexibilidade quanto à organização do currículo refere-se apenas à escolha pela organização em série, ano, ciclo ou período alternado.

d. (   ) Quando a escola opta por trabalhar com métodos globalizados, procura uma alternativa à fragmentação dos conteúdos trabalhados pelas diferentes disciplinas curriculares.

e. (   ) O ensino fundamental tem por objetivo formar o cidadão, considerando os aspectos cognitivos, pessoais e sociais.

(2)

A organização da
educação brasileira

A educação é algo próprio da vida em sociedade, pois está relacionada com a formação tanto pessoal quanto social daqueles que a constituem. Pode ser definida de diferentes formas e se manifestar por meio de diferentes processos. Nesta parte do texto, vamos nos deter mais na educação organizada para atingir objetivos definidos: a educação formal ou escolar.

Para tratarmos desse tema, dividimos este capítulo em duas seções. Na primeira, apresentamos uma contextualização que acompanha a evolução da educação informal até a educação formal. Na segunda, abordamos a organização da educação brasileira no contexto da legislação atual, situando a estrutura e o funcionamento do ensino fundamental como parte da educação básica.

(2.1)
Da educação informal à formal

Na atualidade, a escola é uma das instituições mais consolidadas em nossa sociedade. Muito se fala da sua deterioração física e cultural, mas não podemos negar que é um lugar de passagem obrigatória. Desde muito cedo, somos preparados para nossa entrada nesse espaço. Essa instituição tem um ritual próprio e personagens com papéis bem definidos. É na escola que recebemos a educação sistematizada, reflexo de nossa vida em sociedade. Mas como a escola se constitui? Ela sempre foi como a conhecemos hoje?

Como afirmam Marx e Engels (2001), os seres humanos se distinguem dos animais por produzirem os seus meios de existência. Ao fazerem isso, produzem sua vida material e, posteriormente, sua consciência. Como fruto dessa produção, há um acúmulo de experiências que, para serem preservadas, necessitam ser transmitidas às novas gerações. Dependendo do tipo de sociedade e do seu modo de produção, esse processo pode ocorrer de maneira diferenciada.

Saviani (2001), seguindo a abordagem marxista, apresenta as relações entre o modo de produção de uma sociedade e sua ideia de educação. Nas comunidades primitivas, em que não havia apropriação individual dos bens e estes eram produzidos coletivamente, com o objetivo de garantir a sobrevivência de toda a comunidade, sem a preocupação de manter uma produção excedente, a educação se desenvolvia de modo assistemático. Ou seja, no cotidiano, os mais jovens interagiam com os mais velhos e vivenciavam valores, costumes e normas, que iam se mantendo naquele meio social.

Na sociedade antiga, o modo de produção era escravista e, na sociedade medieval, feudal. Esses dois modos de produção caracterizam-se pelo início da propriedade privada, da divisão do trabalho e da distribuição desigual dos bens de consumo produzidos. Assim, surgiu a distinção entre a classe dos que trabalham e a dos que não trabalham. Foi nesse contexto que a educação se transformou, passando a servir para preencher o tempo livre daqueles que não trabalhavam. Criou-se, então, uma educação diferenciada, que privilegiava exercícios físicos, música e arte, voltada para a formação da elite. Nesse mesmo período, surgiu também o nome *escola*, que, em grego, significa "lazer", "tempo livre", "ócio".

Nas sociedades modernas, em que predomina o modo de produção capitalista, a burguesia se tornou responsável pela defesa da escolarização universal e obrigatória. Por causa da influência do Iluminismo e dos ideais da Revolução Francesa (século XVIII), bem como da expansão e formalização da vida urbana, fez-se cada vez mais necessário o acesso da população à escrita. A escola, que representa o acesso à cultura letrada, legitimou o domínio da linguagem escrita por meio da educação sistemática, ou seja, escolarizada (institucionalizada).

(2.2)
A história da educação brasileira

Estudos sobre a história da educação brasileira mostram que o ensino no país esteve primeiramente sob responsabilidade dos jesuítas, que, após a sua chegada em solo brasileiro, em 1549, envolveram-se com tribos indígenas, visando à conversão dos nativos à fé católica por meio da catequese e da instrução, num processo que chamamos de *aculturação*.

Ainda no período colonial, com a vinda da pequena burguesia à colônia, iniciou-se a instrução escolarizada para a camada dirigente (pequena burguesia e seus descendentes), também de responsabilidade dos jesuítas, que ainda davam instrução aos filhos de colonos — esta diferente da que davam aos indígenas — e formavam sacerdotes (Romanelli, 2005).

Em 1759, o Marquês de Pombal expulsou os jesuítas tanto do Brasil quanto de Portugal e instituiu as aulas régias, ou aulas avulsas, desmantelando o sistema educacional existente até então. Como não havia professores formados para substituírem os religiosos, leigos começaram a dar aulas isoladas com base nos conhecimentos que possuíam, e o Estado assumiu a responsabilidade pela educação. Na prática, porém, pouca coisa se alterou, pois, de certa forma, o modelo educativo dos jesuítas sobreviveu à ação dos leigos. A referência que se tinha na época era um modelo pedagógico que visava à disciplina e à submissão, um modelo de caráter religioso e literário. A principal diferença é que se instaurou a ideia do ensino laico, rompendo-se com a confessionalidade católica que regia os processos educativos.

Com a vinda da família real ao Brasil, em 1808, houve um incremento na vida cultural da Colônia. Destacam-se, nesse período, a criação da Imprensa Régia, da Biblioteca Nacional, do Jardim Botânico do Rio de Janeiro, do Museu Nacional, além da publicação de jornais e revistas que tinham como objetivo preservar a cultura europeia da elite que aqui se fixava. Nessa mesma época, foi inaugurado o nível superior de ensino no Brasil, visando à formação de profissionais principalmente na área militar e em cursos de Medicina, Direito e Belas-Artes.

No Império (1822-1889), acentuou-se a preocupação com a formação da elite, o que se refletiu no maior investimento no ensino superior, com a criação dos primeiros cursos nesse nível de ensino, em detrimento dos demais níveis. Nessa época, o primário oferecia apenas uma instrumentalização técnica, e o secundário era desenvolvido sob a forma de aulas régias.

Nesse mesmo período, alguns dirigentes lançaram a ideia de criar um sistema nacional de educação, propondo uma organização comum do ensino em todo o território, mas ela não se concretizou. Contribuiu, para isso, a exclusão dessa proposta da Constituição outorgada em 1824. Em 15 de outubro de 1827, promulgou-se uma lei relativa ao *ensino elementar*, nome dado à organização do ensino inicial institucionalizado, que, na prática, estava relacionado com o ensino rudimentar da leitura, da escrita e das operações, além de moral e religião. Essa lei, que tinha por base o método lancasteriano[a], permaneceu vigente até 1946.

---

a. Sistema de monitoria criado na Inglaterra por André Bell, ministro da Igreja Anglicana, e Joseph Lancaster, pertencente à seita dos Quakers, no final do século XVIII. Consiste na instrução de alunos com a colaboração de monitores que se destacam entre os aprendentes. Assim, um único professor poderia atender cerca de mil alunos (Bastos; Faria Filho, 1999).

A clientela que frequentava a escola no período imperial era constituída por filhos de homens livres. Mas, mesmo com a maior democratização do ensino, a educação formal continuava a ser um privilégio de uma pequena parcela da população. Além disso, havia graves deficiências quantitativas e qualitativas na educação da época, cuja organização era de responsabilidade das províncias. Parte das dificuldades tinha origem na precariedade da formação de professores. Somente em 1835 foi criada a primeira escola normal, em Niterói, no Rio de Janeiro, que passou a formar professores para dar aulas no ensino elementar.

No período republicano (a partir de 1889), criou-se o Ministério da Instrução Pública, Correios e Telégrafos, extinto dois anos depois e só recriado em 1930, sob a denominação de *Ministério da Educação e Saúde*, tendo Francisco Campos como seu primeiro ministro. Nesse período, várias constituições foram promulgadas e as ideias relativas à educação oscilaram de acordo com a situação política do país. Por exemplo: a Constituição de 1934, promulgada em Assembleia Nacional Constituinte, era a mais liberal de todas; já a Constituição de 1937, outorgada por Getúlio Vargas, continha ideias autoritárias, se comparada com a anterior.

Desde a década de 1920, havia no Brasil a ideia de criar uma lei que organizasse e orientasse a educação nacional. Mas apenas em 1947 começou a ser elaborado um projeto de lei para a educação, enviado ao Congresso Nacional em 1948. Após 13 anos, em 20 de dezembro de 1961, foi aprovada a primeira Lei de Diretrizes e Bases da Educação Nacional (LDBEN), Lei n° 4.024 (Brasil, 1961), que definia a educação como um direito de todos, determinando sua gratuidade e obrigatoriedade, e estabelecia as competências dos sistemas e os três graus de ensino: primário, ginásio e colegial, este dividido em científico e clássico.

No final da década de 1960, iniciou-se um processo de reforma na educação, sob o espírito ditatorial do governo, começando pela reestruturação do ensino superior, determinada pela Lei n° 5.540, de 28 de novembro de 1968 (Brasil, 1968), que, entre outros aspectos, instituiu a departamentalização dos cursos universitários e o sistema de créditos nas matrículas dos alunos, fragmentando e desestabilizando o espírito coletivo e enfraquecendo as manifestações de descontentamento levadas a cabo por professores e alunos contra o governo da época.

Posteriormente, a Lei n° 5.692, de 11 de agosto de 1971 (Brasil, 1971), unificou os ensinos primário, ginasial e colegial, transformando-os no 1º e 2º graus. Além disso, foi instituída a obrigatoriedade da formação técnico-profissional a todo o egresso do 2º grau, com o objetivo de suprir a falta de trabalhadores qualificados no mercado de trabalho, que se encontrava em ampla expansão devido ao crescimento e desenvolvimento do país e a seu acelerado processo de industrialização.

Em 18 de outubro de 1982, a Lei n° 7.044 (Brasil, 1982) reformulou a Lei n° 5.692, tornando facultativa a formação técnico-profissional dos egressos do 2º grau, por causa do fracasso visualizado na continuação da sua obrigatoriedade, estabelecida em 1971. Em 1988, foi promulgada a atual Constituição, nascida no período de transição entre a ditadura militar e a abertura democrática, e, em 20 de dezembro de 1996, a nova Lei de Diretrizes e Bases da Educação Nacional, Lei n° 9.394 (Brasil, 1996).

Nessa breve contextualização histórica da educação em nosso país, por meio das concepções e legislações de cada período, podemos perceber que o processo de escolarização ocorre à medida que embates ideológicos se constituem. A educação, por representar o processo formativo em uma sociedade, não é uma esfera isolada, mas imbricada nas demais.

(2.3)
Da educação e da escolarização

Para tratarmos da estrutura e do funcionamento do ensino fundamental em nosso sistema educacional, devemos citar a legislação educacional brasileira, que, em última análise, determina as referências dessa organização. A legislação corresponde a um conjunto de regras necessárias para melhor regular a relação entre Estado e sociedade. Portanto, necessitamos compreendê-la para sabermos seus limites e agirmos de acordo com suas orientações. Agir em conformidade com a lei não significa, porém, total adesão a ela: a sociedade democrática admite o dissenso. Apesar de o ordenamento legal estabelecer leis gerais e iguais para todos, há sempre interesses pessoais ou de classe envolvidos e, por conseguinte, a presença de consensos e dissensos, postulando manutenção ou alteração do estado das coisas (Cury, 2000).

Falar em educação nos remete à ideia de um futuro melhor. Quem de nós não acredita que a passagem pela escolarização formal seja o passaporte para uma profissão socialmente reconhecida e com bom retorno financeiro? Além de estar em nosso imaginário, a educação é um direito de todo cidadão, conforme preconizam organismos internacionais, como a ONU, por exemplo[b]. Entretanto, para se garantir o cumprimento desse direito, ou de qualquer

---

b. Para obter mais informações, acesse o *site* da Unesco por meio do seguinte *link*: <http://www.unesco.org.br>.

outro, é preciso que esteja também previsto nas leis do país. No Brasil, o direito à educação é um princípio constitucional e objeto de criação de documentos legais próprios, assinalando o desenvolvimento da cidadania no país.

Se consultarmos nossa última Constituição Federal, a de 1988 (Brasil, 1988), encontraremos no art. 205, que consta no Capítulo III, intitulado *Da Educação, da Cultura e do Desporto*, a seguinte inscrição:

> *A educação, direito de todos e dever do Estado e da família, será promovida e incentivada com a colaboração da sociedade, visando ao pleno desenvolvimento da pessoa, seu preparo para o exercício da cidadania e sua qualificação para o trabalho.*

O fato de um direito constar em lei nem sempre se traduz em sua efetivação na prática, mas pode ser objeto de cobrança para que se cumpra. Nossa realidade é pródiga em exemplos de descumprimento dos preceitos legais, embora tenhamos uma doutrina atual e progressista, que serve de referência a outras nações (é o caso, por exemplo, do Estatuto da Criança e do Adolescente, Lei nº 8.069, de 13 de julho de 1990 – Brasil, 1990).

Todavia, para que a lei se cumpra pelas ações dos indivíduos, conforme está previsto, é necessário que seja conhecida por todos. Para obedecê-la, questioná-la, alterá-la ou cobrar sua efetivação, necessitamos, primeiro, saber quais os limites, os direitos e os deveres nela implicados.

É interessante destacar a analogia apresentada por Cury (2006), que mostra a relevância do conhecimento tanto do ordenamento legal geral, como cidadãos, quanto do ordenamento legal de nossa profissão, para melhor sabermos nos movimentar em nosso exercício profissional. Segundo o referido autor: "Conhecer as leis é como acender uma luz numa sala escura cheia de carteiras, mesas e outros objetos. As leis acendem uma luz importante, mas elas não são todas as luzes. O importante é que um ponto luminoso ajuda a seguir o caminho" (Cury, 2006, p. 12).

Veremos, a seguir, como a educação é tratada na legislação específica.

A educação na LDBEN/1996

A LDBEN/1996 é a lei maior do país sobre educação, estando, entretanto, subordinada à Constituição Federal. Já em seu art. 1º, apresenta o conceito de educação, em seu sentido amplo:

> *A educação abrange os processos formativos que se desenvolvem na vida familiar, na convivência humana, no trabalho, nas instituições de ensino e pesquisa, nos movimentos sociais e organizações da sociedade civil e nas manifestações culturais.*
>
> *[...]*

Ou seja, segundo essa definição, em todos os momentos de nosso cotidiano e em todos os lugares nos quais estamos inseridos, estamos nos educando.

O parágrafo primeiro desse mesmo artigo define que a lei disciplinará, especificamente, a educação escolar, desenvolvida em instituições próprias por meio do ensino. Dessa forma, temos uma lei nacional, a LDBEN/1996, que, como seu nome já diz, é responsável por fixar as diretrizes e bases que direcionam a organização da educação institucionalizada no país, tanto no que se refere aos princípios e fins (diretrizes) quanto à maneira de sua realização (bases), estabelecendo os níveis e modalidades, por exemplo.

No seu art. 2º, a lei estabelece a responsabilidade compartilhada entre a família e o Estado no que tange à educação escolar, além de definir a finalidade dessa educação:

> *A educação, dever da família e do Estado, inspirada nos princípios de liberdade e nos ideais de solidariedade humana, tem por finalidade o pleno desenvolvimento do educando, seu preparo para o exercício da cidadania e sua qualificação para o trabalho.* (Brasil, 1996)

Segundo esse artigo, a finalidade da educação escolar está associada a três conceitos: pessoa, cidadania e trabalho, os quais são sempre citados nos objetivos a serem buscados nas diferentes etapas da educação básica (Cury, 2006, p. 28).

Por fim, o art. 21 apresenta os dois níveis da educação escolar, como se vê a seguir: "[...] I – educação básica, formada pela educação infantil, ensino fundamental e ensino médio; II – a educação superior". Esta é formada pelos cursos de graduação, pós-graduação, sequenciais e de extensão.

O ensino fundamental na LDBEN/1996

O ensino fundamental corresponde à segunda etapa da educação básica. O dever do Estado-nação quanto à educação escolar pública está associado à oferta do ensino fundamental, sendo este obrigatório e gratuito em instituições públicas, inclusive para os que a ele não tiveram acesso na idade própria (art. 4º, I).

O art. 5º diz que "[...] o acesso ao ensino fundamental é direito público subjetivo [...]", implicando que toda criança, jovem ou adulto que não tenha passado pela escola possa reivindicar esse direito, seja por sua própria ação, seja pela de outrem, visto que a sociedade também é responsável pela educação dos seus cidadãos. As autoridades competentes são responsabilizadas em caso de não cumprimento do disposto nesse artigo. Em relação ao dever dos pais ou responsáveis, o art. 6º (alterado pela Lei nº 11.114, de 16 de maio de 2005 – Brasil, 2005) define que eles devem matricular os menores no ensino fundamental a partir dos 6 anos de idade.

Devido ao regime de colaboração estabelecido para a implantação dos sistemas de ensino (art. 8º), a responsabilidade da Administração Pública pela oferta de educação deve ser compartilhada, com a definição da prioridade para cada esfera: a educação infantil e o ensino fundamental são incumbências dos municípios (art. 11, V), o ensino fundamental e o ensino médio, dos estados (art. 10, VI) e a coordenação da política nacional de educação e do ensino superior, da União (art. 8º, parágrafo 1º; art. 9º, IX).

Quanto à organização do ensino fundamental, há uma orientação a esse respeito no art. 23, que se estende também às demais etapas da educação básica. Segundo esse artigo, o ensino fundamental poderá ser organizado:

> [...] em séries anuais, períodos semestrais, ciclos, alternância regular de períodos de estudos, grupos não seriados, com base na idade, na competência e em outros critérios, ou por forma diversa de organização, sempre que o interesse do processo de aprendizagem assim o recomendar
> [...]

Aqui podemos identificar o grau de flexibilidade permitido à organização curricular. A concessão dessa autonomia para a escola decidir qual a melhor opção pedagógica para a sua realidade ampliou as possibilidades da legislação anterior e da própria escola, que, historicamente, adotou a organização seriada por considerá-la a mais recomendada. Com a LDBEN/1996, abriu-se a possibilidade de propor formas alternativas de organização curricular, contribuindo para a minimização de problemas como o fracasso escolar, a repetência, a evasão etc.

O art. 24 estabelece algumas regras que devem ser seguidas pelas escolas quanto à organização e funcionamento dos níveis fundamental e médio:

a. cumprimento de 800 horas de carga horária mínima anual, distribuídas por um mínimo de 200 dias de efetivo trabalho escolar;
b. definição das formas de classificação a que os alunos estarão submetidos: por promoção, por transferência ou por avaliação, independentemente da escolarização anterior;
c. possibilidade de organização de agrupamentos (turmas) de alunos oriundos de séries distintas, com níveis equivalentes de adiantamento na matéria;
d. observação dos seguintes critérios na definição da forma de verificar o rendimento escolar dos alunos: avaliação contínua e cumulativa, aceleração de estudos para alunos com atraso escolar, avanço nos estudos mediante confirmação do aprendizado, aproveitamento de estudos concluídos com êxito e oferta de estudos de recuperação aos alunos com baixo rendimento, preferencialmente ao longo do período letivo;
e. responsabilidade da escola pelo controle de frequência dos alunos, sendo exigida a frequência mínima de 75% para aprovação;
f. expedição de documentos oficiais, tais como histórico escolar, declarações, diplomas e certificados.

Conforme versa o art. 26, o currículo de cada estabelecimento escolar deve ser constituído por uma base nacional comum, complementada por uma parte diversificada que atenda a características regionais e locais. Para a elaboração do currículo, devem ser ainda consultadas as diretrizes curriculares nacionais e estaduais aprovadas pelos respectivos conselhos de educação, pois essas diretrizes instruem sobre os princípios, áreas do conhecimento e temas a serem contemplados no currículo do ensino fundamental.

Na seção específica sobre o ensino fundamental, a lei define, no seu art. 32, que a sua duração será de 9 anos, com ingresso das crianças a partir dos 6 anos de idade (conforme redação dada pela Lei n° 11.274, de 6 de fevereiro de 2006 – Brasil, 2006). Além disso, será obrigatório e gratuito em instituições públicas e visará à formação do cidadão. O parágrafo 3º do referido artigo menciona que o português será o idioma oficial usado no ensino fundamental regular, salvo em comunidades indígenas, que poderão usar sua língua materna, enquanto o parágrafo 4º enfatiza que o ensino fundamental será presencial, recomendando o ensino a distância apenas como complementação da aprendizagem ou em situações emergenciais, respeitada, em qualquer caso, a legislação própria a essa modalidade de ensino.

O art. 33 afirma que o ensino religioso é parte integrante da formação básica do cidadão e, portanto, constituirá disciplina de horário normal nas escolas públicas, sendo assegurada a matrícula facultativa aos alunos, por opção de sua família. A escola pode, então, encontrar formas alternativas de trabalhar a diversidade religiosa presente em nosso país para atender às diversas crenças das famílias que integram a instituição, considerando sempre que é uma opção dos alunos participarem ou não dessas aulas.

O art. 34, que trata sobre a jornada escolar no ensino fundamental, aponta para o mínimo de quatro horas diárias de efetivo trabalho e a progressiva ampliação desse período, até chegar a tempo integral. Isso significa que a intenção é aumentar o tempo de permanência da criança e do jovem na escola, mas, por enquanto, a concretização dessa ideia fica a critério dos sistemas de ensino quando optam por jornadas de quatro horas ou mais.

O censo escolar de 2006 revelou que houve um aumento nos três anos anteriores quanto ao tempo de permanência na escola dos alunos do ensino fundamental, conforme podemos visualizar na Tabela 2.1.

Tabela 2.1 – Porcentagem das matrículas no ensino fundamental em turnos de mais de quatro horas

DURAÇÃO DO TURNO	2004	2005	2006
Entre 4 e 5 horas	56,2%	52%	52,8%
Mais de 5 horas	3,3%	7,8%	7,7%

FONTE: ADAPTADO DE BRASIL, 2002, 2005E, 2006C.

A tabela revela uma tendência de aumento no tempo de permanência dos alunos na escola, o que se percebe pelo fato de que mais da metade dos alunos matriculados no ensino fundamental no Brasil frequentam turnos com mais de quatro horas de duração.

As modalidades

A LDBEN/1996 prevê quatro modalidades de educação escolar, as quais apresentaremos a seguir.

Educação especial

A modalidade educação especial é tratada nos arts. 58 a 60 da LDBEN/1996, sendo definida como "[...] a modalidade de educação escolar, oferecida preferencialmente na rede regular de ensino, para educandos portadores de necessidades especiais. [...]" (art. 58).

Por esse artigo, podemos perceber que a educação especial é entendida sob a perspectiva da inclusão, devendo haver serviços de apoio especializados na escola regular para garantir que os educandos sejam atendidos de acordo com suas necessidades. Aos educandos que não puderem ser integrados às classes regulares, é assegurado o atendimento em turmas, escolas ou serviços especializados. Além disso, é dever do Estado oferecer essa modalidade desde a educação infantil.

Segundo o art. 5º da Resolução CNE/CEB nº 2, de 11 de fevereiro de 2001 (Brasil, 2001), por portador de necessidades educacionais especiais entende-se o educando que, durante o processo educacional, apresentar:

[...]
I – dificuldades acentuadas de aprendizagem ou limitações no processo de desenvolvimento que dificultem o acompanhamento das atividades curriculares, compreendidas em dois grupos:
a. aquelas não vinculadas a uma causa orgânica específica;
b. aquelas relacionadas a condições, disfunções, limitações ou deficiências;
II – dificuldades de comunicação e sinalização diferenciadas dos demais alunos, demandando a utilização de linguagens e códigos aplicáveis;
III – altas habilidades/superdotação, grande facilidade de aprendizagem que os leve a dominar rapidamente conceitos, procedimentos e atitudes.
[...]

É de responsabilidade dos sistemas de ensino, visando garantir o adequado atendimento a esses educandos (art. 59 da LDBEN/1996):

a. organizar um currículo voltado às suas características e necessidades;
b. promover a terminalidade específica aos alunos cujas deficiências os impeçam de concluir o ensino fundamental ou a aceleração para os superdotados, a fim de que o concluam em menor tempo;
c. disponibilizar professores com formação para atendimento especializado e docentes capacitados para atendimento desses alunos em classes comuns;
d. oferecer educação especial para o trabalho, proporcionando a inserção desses alunos na sociedade por meio de atividades laborais condizentes com suas potencialidades;
e. garantir acesso aos benefícios dos programas sociais suplementares correspondentes ao seu nível no ensino regular.

É relevante destacar que, para haver uma prática inclusiva efetiva nas escolas, é preciso enfrentar várias barreiras, como a discriminação. É preciso também um forte investimento público e privado para garantir a adaptação curricular e física, a formação de professores qualificados e o esclarecimento à comunidade escolar, construindo, dessa maneira, uma escola inclusiva que trabalha com o respeito às diferenças e semelhanças de todos que a frequentam.

Educação de jovens e adultos (EJA)

Essa modalidade de educação é abordada nos art. 37 e 38 da LDBEN/1996. É oferecida a pessoas que, na idade própria, não tiveram acesso à escola ou oportunidade de continuar seus estudos, seja no ensino fundamental, seja no ensino médio. Para sua efetivação, deve ser oferecida gratuitamente pelos sistemas de ensino, além de ser organizada de forma a se aproximar dos interesses e das condições de vida e de trabalho dos alunos (art. 37).

O art. 38 reza que a educação de jovens e adultos pode se dar por meio de cursos e exames supletivos, respeitada a base nacional comum do currículo em ambos os casos. Existe uma idade mínima para a realização dos exames: a partir dos 15 anos para o ensino fundamental e a partir dos 18 para o ensino médio. A modalidade habilita os alunos a prosseguirem nos seus estudos em cursos regulares.

A EJA[c] vem sendo reconhecida como um direito desde a década de 1930, como resultado de campanhas de alfabetização e de programas de governo, embora nem sempre com as mesmas concepções teóricas. Apesar da mudança de nomenclatura – de *ensino supletivo*, na legislação anterior, para *educação de jovens e adultos*, na atual – e do movimento em busca de sua vinculação mais ao mundo do trabalho do que ao escolar, o texto da LDBEN/1996 ainda trata da EJA com sentido de "educação supletiva, voltada para a reposição do ensino fundamental regular" (Haddad, 2005, p. 119). Conforme Haddad (2005), se a EJA não se mantiver como política de Estado, pode se esvaziar e passar a depender de ações compensatórias e filantrópicas, perdendo sua principal finalidade.

Educação escolar indígena

Está prevista no art. 78 da LDBEN/1996 a oferta de educação escolar bilíngue e intercultural aos povos indígenas, tendo por objetivos:

---

c. Para encontrar textos sobre esse tema, consulte os *sites*: Ação Educativa (<http://nsae.acaoeducativa.org.br/portal/index.php?option=com_booklibrary&task=showCategory&catid=29&Itemid=124>) e os Cadernos de EJA, do Ministério da Educação (<http://www.eja.org.br/cadernosdeeja/index.php?acao3_cod0=c01923dc5f511ad745918dd8ba742cca>).

[...]

I – *proporcionar aos índios, suas comunidades e povos, a recuperação de suas memórias históricas; a reafirmação de suas identidades étnicas; a valorização de suas línguas e ciências;*

II – *garantir aos índios, suas comunidades e povos, o acesso às informações, conhecimentos técnicos e científicos da sociedade nacional e demais sociedades indígenas e não índias.*

É de responsabilidade da União envidar esforços junto aos sistemas de ensino para garantir às comunidades indígenas o desenvolvimento da educação intercultural. Para tanto, após ouvir essas comunidades, a União deve elaborar programas integrados de ensino e pesquisa, visando ao fortalecimento das práticas socioculturais de cada uma delas, à formação de pessoal especializado para atuar nas escolas indígenas, ao desenvolvimento de currículos e programas específicos para as comunidades e à elaboração de materiais didáticos adequados a essa realidade específica (art. 79).

Com a nova legislação, os indígenas poderão frequentar a escola em suas próprias aldeias, e não mais em escolas rurais ou extensões. Essas escolas devem ter organização e documentação próprias, e a proposta pedagógica deve estar de acordo com as características da cultura local. Além de metodologias e materiais didáticos diferenciados, é importante destacar que os sistemas de ensino apoiados pela União devem investir na formação dos docentes para atuar nessas escolas, entre eles membros da própria comunidade. Já existem algumas experiências com cursos de nível médio e superior que formam indígenas para atuar como professores em suas aldeias.

Educação a distância (EaD)

A LDBEN/1996, que institui em seu art. 80 os programas de educação a distância, em todos os níveis e modalidades de ensino[d], determina que eles devem ser oferecidos por instituições especificamente credenciadas pela União, sendo autorizados e controlados pelos sistemas de ensino.

A EaD é uma modalidade de educação que permite o desenvolvimento do processo de ensino-aprendizagem em um ambiente virtual, desenvolvendo potencialmente a autoaprendizagem e disponibilizando diferentes ferramentas (síncronas e assíncronas) para promover a socialização das informações e das aprendizagens. Para isso, são usados recursos tecnológicos de diferentes gerações, desde os menos complexos, com poucas possibilidades interativas (rádio, correio, TV etc.), até as mais complexas, incluindo o uso de internet de banda larga.

Essa modalidade de ensino possibilita uma flexibilização em relação aos tempos e espaços de aprendizagem, ao mesmo tempo em que acentua o compartilhamento das responsabilidades pelo processo de ensino-aprendizagem entre professores, tutores e alunos.

Pedro Demo (2001) sugere que a prática do ensino a distância seja pensada à luz da reflexão sobre o processo de ensino-aprendizagem. Ele cita Papert, que, apoiado na teoria piagetiana, diz que o acesso às informações por meios eletrônicos no formato de treinamento não garante o esforço reconstrutivo dos alunos necessário a uma aprendizagem significativa (Papert, citado por Demo, 2001, p. 86).

---

d. Essa é uma exceção feita ao ensino fundamental, sendo aconselhada a educação a distância nessa etapa da educação básica de modo complementar ou em caráter emergencial, segundo o art. 32, § 4º, da LDBEN/1996.

(.)
Ponto final

Vimos que, atualmente, a legislação de nosso país define educação como um processo formativo desenvolvido em todas as esferas da sociedade. Entretanto, a própria legislação se ocupa de definir e direcionar um tipo de educação, a educação escolar, sistemática, desenvolvida na instituição chamada *escola*. Vimos também que cada modelo de sociedade origina seu modelo educativo. É importante conhecermos como se constitui a educação em nossa sociedade para podermos nos posicionar em relação aos seus aspectos positivos e negativos, sobretudo quando tratamos da legislação educacional.

Atividades

Nas questões 1 e 2, assinale a afirmativa correta.

1. Pensando no período em que o Brasil era colônia de Portugal, podemos afirmar que não faz parte da tradição educacional brasileira:
   a. o ensino laico.
   b. o ensino confessional.
   c. o método lancasteriano.
   d. a aculturação.
   e. as aulas régias.

2. De acordo com a legislação educacional brasileira, é possível afirmar que o ensino fundamental:
   a. é a primeira etapa da educação básica.
   b. é a única etapa obrigatória de escolarização.
   c. é gratuito em qualquer tipo de instituição.
   d. pode ser organizado em séries ou ciclos apenas.
   e. trabalha conteúdos sem considerar as diferenças regionais.

3. Leia as afirmações a seguir e em seguida assinale a alternativa correta.
   I. As escolas indígenas não precisam ter professores habilitados, pois eles são indicados pela própria comunidade.
   II. Metodologias diferenciadas e materiais próprios podem ser considerados elementos relevantes para o sucesso das diferentes modalidades oferecidas no ensino fundamental.
   III. Tanto a educação de jovens e adultos quanto a educação especial são modalidades que hoje atendem grupos historicamente deixados à parte na escola.

   a. Apenas a afirmação I está correta.
   b. Apenas a afirmação II está correta.
   c. Apenas a afirmação III está correta.
   d. Apenas as afirmações II e III estão corretas.
   e. Todas as afirmações estão corretas.

4. Pesquise no seu município as seguintes modalidades de educação do ensino fundamental: educação especial, educação de jovens e adultos e educação indígena, se houver, considerando os seguintes aspectos, entre outros que considerar relevantes:
   - se a modalidade é ministrada na rede de ensino pública ou privada;

- se a organização do currículo é diferente da organização regular;
- qual a formação dos professores que atuam nessas modalidades;
- quais as faixas etárias atendidas.

(3)

O ensino fundamental na estrutura
organizacional da educação brasileira

Graziela Macuglia Oyarzabal

Este capítulo trata da nova organização do ensino fundamental. Depois de um breve histórico, são abordados os documentos legais que ampliaram a duração do ensino fundamental para 9 anos e determinaram a antecipação da matrícula nessa etapa para os 6 anos de idade. A seguir, são apresentados elementos para reflexão sobre as orientações para a reorganização da proposta pedagógica das escolas. Por fim, são focalizados os desafios impostos por essa nova realidade.

(3.1)
Histórico do novo ensino fundamental

Desde 1996, com a promulgação da nova Lei de Diretrizes e Bases da Educação Nacional – LDBEN (Brasil, 1996), a educação escolar é composta por dois níveis: educação básica (formada por educação infantil, ensino fundamental e ensino médio) e educação superior (conforme consta no art. 21 da referida lei).

O ensino fundamental é tratado nos arts. 32 a 34 da LDBEN/1996. O art. 32 já indicava a possibilidade de ampliação do ensino fundamental, ao prever que a duração mínima dessa etapa seria de 8 anos. Embora figurasse entre os objetivos e as metas propostas para o ensino fundamental no Plano Nacional de Educação (Lei n° 10.172, de 9 de janeiro de 2001 – Brasil, 2001), foi com a publicação da Lei n° 11.114, em 16 de maio de 2005 (Brasil, 2005), que se intensificou o debate sobre a ampliação do ensino fundamental e a antecipação da matrícula para os 6 anos de idade.

Primeiramente, houve uma grande demanda por informações sobre o assunto, tanto por parte da comunidade quanto por parte das organizações de classe ligadas à educação. Num segundo momento, surgiram questões referentes ao impacto financeiro decorrente do investimento em recursos materiais e didáticos necessários para efetivar a mudança. Por fim, foi preciso também levar em conta a preparação dos professores para enfrentar a nova realidade do ensino fundamental.

Um ponto importante a mencionar é que a Lei n° 11.114/2005 foi publicada com texto impreciso e vago, o que gerou grandes protestos, sobretudo por parte de representantes das secretarias municipais e estaduais de Educação. O texto mencionava que os pais deveriam matricular seus filhos no ensino fundamental a partir dos 6 anos de idade e que a lei entraria em vigor naquele momento, tendo eficácia no ano letivo seguinte, ou seja, em 2006.

No ano seguinte, em 6 de fevereiro de 2006, a Presidência da República publicou a Lei nº 11.274 (Brasil, 2006), com o objetivo de corrigir a imprecisão da lei federal anterior. O texto dessa nova lei acrescentou que a duração do ensino fundamental seria de 9 anos, com o ingresso das crianças aos 6 anos de idade, e mudou o prazo de implementação do novo ensino fundamental para 2010. Nesse processo de reestruturação, a educação infantil passou a abranger a faixa etária de 0 a 5 anos, pois, ao completar 6 anos de idade, a criança teria de ingressar no ensino fundamental.

Antes de prosseguirmos com o estudo dos documentos legais posteriores a essas duas leis federais, devemos abordar os motivos dessa alteração. Em outras palavras, devemos perguntar: Por que afinal se alterou a estrutura do ensino fundamental em nosso país? A justificativa encontrada nos diferentes materiais disponibilizados pelo Ministério da Educação e pela Secretaria da Educação Básica (Brasil, 2004a) aponta dois aspectos: um relativo à realidade nacional e outro, ao movimento internacional de ampliação da escolarização obrigatória.

Quanto à realidade nacional, podemos ressaltar, em primeiro lugar, a preocupação com a democratização do acesso à escolarização obrigatória, principalmente das crianças pertencentes às classes populares – pesquisas comprovam que somente 3,6% da população em idade escolar não está matriculada em nenhuma instituição de ensino (Brasil, 2004a, p. 9).

Se, num primeiro momento, a preocupação voltou-se ao acesso, o segundo passo foi verificar o tempo de permanência das crianças na escola e o tipo de aprendizagem construída. Em anos recentes, o acesso dos alunos à escola cresceu no Brasil. Porém, nem sempre o caráter qualitativo acompanhou essa expansão quantitativa. Para os legisladores, um ano a mais para a realização do ensino fundamental representaria mais tempo e mais oportunidade para o aluno aprender a ler e a escrever, entre outros conhecimentos. Todavia, outras propostas poderiam ter sido lançadas em vez dessa que aumentou em um ano o ensino fundamental, tais como a de ampliar a jornada diária de quatro para cinco horas.

Dados da Sinopse Estatística da Educação Básica de 2006, realizada pelo Instituto Nacional de Estudos e Pesquisas Educacionais Anísio Teixeira – Inep (Brasil, 2006), indicam que, das matrículas realizadas no ensino fundamental no Brasil, envolvendo todas as escolas das redes federal, estadual, municipal e privada, 68% concentram-se no ensino fundamental de 8 anos e 32%, no de 9 anos. Essa é uma realidade anterior até mesmo à LDBEN, pois, antes de 1996, já existiam experiências pedagógicas de organização do ensino fundamental em 9 anos, como a Escola Plural (1994), em Belo Horizonte (MG), e os Ciclos de Formação (1995), em Porto Alegre (RS). Além disso, o censo de 2000 do IBGE apontava que 81,7% das crianças já frequentavam a escola aos 6 anos de idade, seja na educação infantil, seja nas classes de alfabetização ou no ensino fundamental (Brasil, 2008b). Esses dados revelam que tanto a ampliação do ensino fundamental de 8 para 9 anos quanto o ingresso da criança aos 6 anos no processo de escolarização já eram realidade em nosso país. Assim, surgiu outro argumento a favor da ampliação do ensino fundamental: a necessidade de unificação do sistema no país.

Um dado que merece ser destacado é que as crianças que passam pela educação infantil apresentam melhor desempenho nas avaliações de âmbito nacional, como o Sistema Nacional de Avaliação da Educação Básica (Saeb), em comparação com as crianças que entraram diretamente na 1ª série. Estas apresentam resultado médio de 151 pontos, ao passo que aquelas alcançam resultado médio de 171 pontos (a pontuação ideal é de 200 pontos) (Dindo, 2006).

Quanto à realidade internacional, há um movimento em direção à ampliação da escolarização obrigatória, com distintas formas de implementação. Como exemplo, podemos apontar as alternativas escolhidas por dois países próximos do Brasil. Na Argentina (Argentina, 2008), a escolarização obrigatória tem a duração de 10 anos, sendo composta pelo último ano da educação infantil (crianças de 5 anos de idade) e pela Educación General Básica (EGB), que possui 9 anos de duração, contemplando o ingresso da criança aos 6 anos de idade. Já no Chile (Chile, 2008), são 12 anos de escolarização obrigatória desde 2003. A opção chilena foi incluir o ensino médio também como etapa obrigatória.

Em termos de alinhamento com as tendências educacionais da América do Sul, é compreensível a intenção do Brasil de querer se aproximar dos demais países no que tange à duração da escolarização obrigatória. Todavia, é importante destacar que havia sido discutida em momentos anteriores, ainda que de forma incipiente, a ideia de ampliar o ensino fundamental no Brasil acrescentando um ano ao final dessa etapa, ou seja, o nono ano seria destinado aos alunos de 15 anos, e não antecipando o ingresso das crianças. Essa seria uma solução para minimizar um dos problemas enfrentados pelos jovens atualmente: a escolha profissional precoce.

Sabendo dos motivos que levaram à alteração da organização do ensino fundamental, podemos avançar no estudo dos dispositivos legais que determinaram a ampliação de sua duração.

(3.2)
Orientações legais

Em decorrência das duas leis federais que alteraram a LDBEN/1996 quanto à organização do ensino fundamental, foram aprovados vários documentos legais elaborados pelo Conselho Nacional de Educação (CNE). Posteriormente, cada Conselho Estadual de Educação foi responsável por traduzir para seu estado as orientações oriundas do órgão nacional, visando esclarecer e orientar os sistemas de ensino sobre o processo de implementação do novo ensino fundamental.

São três os principais documentos aprovados pela Câmara de Educação Básica do CNE a respeito desse tema: Parecer n° 6, Resolução n° 3 e Parecer n° 18. Vejamos, a seguir, as principais orientações contidas em cada um deles.

Parecer CNE/CEB n° 6, de 8 de junho de 2005 (Brasil, 2005b)

Esse parecer indica algumas normas para a implantação progressiva do ensino fundamental de nove anos no país. Reafirma o regime de colaboração entre redes públicas estaduais e municipais para a oferta do ensino fundamental obrigatório e gratuito, conforme previsto tanto na LDBEN/1996 quanto na Constituição Federal de 1988

(Brasil, 1988). Confirma também a regulamentação, pelos mesmos sistemas de ensino, do novo ensino fundamental, assim como diz que a prioridade é assegurar a universalização do ensino fundamental na faixa etária dos 7 aos 14 anos nas redes públicas.

O documento também insiste na ideia de que a ampliação do ensino fundamental não pode vir a prejudicar a oferta de vagas e a qualidade da educação infantil, a qual tem recebido na última década atenção especial, como resultado de muitas pesquisas e reivindicações na área. Destaca, ainda, a necessidade de compatibilizar a nova situação de oferta e duração do ensino fundamental com uma proposta apropriada à faixa etária dos 6 anos, pois a criança que antes entraria na educação infantil não deveria ser incorporada precocemente ao processo de escolarização formal pelo fato de estar ingressando no ensino fundamental. Em outras palavras, isso quer dizer que a criança precisa ser respeitada em relação ao seu desenvolvimento, e o trabalho pedagógico a ser realizado com ela deve levar em consideração essas suas características, além de preservar o caráter lúdico próprio da infância.

A compatibilização a que se refere esse parecer também indica a necessidade de escolha de professores que tenham a devida preparação para atuarem no novo ensino fundamental, sobretudo no novo primeiro ano, além do oferecimento de condições materiais adequadas, incluindo mobiliário, materiais didáticos, equipamentos e outros.

Quanto à idade mínima para a matrícula no ensino fundamental, o parecer fixa como requisito a idade de 6 anos completos ou a completar no início do ano letivo.

Resolução CNE/CEB nº 3, de 3 de agosto de 2005 (Brasil, 2005d)

Essa resolução reitera, em seus três artigos, que a obrigatoriedade da matrícula das crianças de 6 anos no ensino fundamental implica a ampliação da duração dessa etapa da educação básica para 9 anos, definindo a sua nova nomenclatura, conforme o Quadro 3.1.

Quadro 3.1 – *Organização do ensino fundamental de 9 anos e da educação infantil*

	ETAPA DE ENSINO	FAIXA ETÁRIA PREVISTA	DURAÇÃO
Educação infantil (até 5 anos de idade)	Creche	Até 3 anos de idade	
	Pré-escola	4 e 5 anos de idade	
Ensino fundamental (até 14 anos de idade) Duração de 9 anos	Anos iniciais	De 6 a 10 anos de idade	5 anos
	Anos finais	De 11 a 14 anos de idade	4 anos

FONTE: ADAPTADO DE BRASIL, 2005D, P. 1.

Com base nessa organização geral, os sistemas de ensino podem propor a sua própria organização, adequando a temporalidade e a nomenclatura de acordo com sua realidade, desde que estejam contempladas nas orientações dessa resolução. Como exemplo, podemos indicar o quadro a seguir, que nos mostra a opção feita por alguns sistemas de ensino após estudos e debates sobre as possibilidades que podem ser adotadas com base na Resolução CNE/CEB nº 3/2005.

À primeira vista, essa proposta pode parecer uma simples mudança na nomenclatura das turmas do ensino fundamental, antecipando o período de alfabetização. No entanto, reivindica uma transformação do ensino fundamental e uma alteração radical na forma de trabalhar das escolas. Envolve a revisão e a reorganização da proposta pedagógica de todo o ensino fundamental, em articulação com a educação infantil e o ensino médio, quando existentes na instituição educativa. Da mesma forma, possibilita uma discussão mais aprofundada sobre o trabalho que a escola vem desenvolvendo, bem como a redefinição de seus tempos e espaços de aprendizagem.

Parecer CNE/CEB n° 18, de 15 de setembro de 2005 (Brasil, 2005c)

O Parecer CNE/CEB n° 18/2005 corrobora a garantia de ingresso das crianças a partir dos 6 anos de idade no ensino fundamental de 9 anos de duração. Afirma ainda que os sistemas de ensino devem administrar a convivência entre os dois planos curriculares: o do ensino fundamental de 8 anos para as turmas de crianças que ingressaram com 7 anos em 2006 ou antes dessa data, e o do ensino fundamental de 9 anos para as turmas de crianças com 6 anos que ingressaram a partir de 2006.

Quadro 3.2 – Possibilidades de organização do novo ensino fundamental

RESOLUÇÃO N° 3 CNE/CEB	POSSIBILIDADES DE ORGANIZAÇÃO DO ENSINO FUNDAMENTAL DE NOVE ANOS CRIADAS E IMPLEMENTADAS PELOS SISTEMAS DE ENSINO							
ANOS INICIAIS								
1º ano	Fase introdutória	1ª série básica			1ª série	Turmas de 6 anos	1º ciclo	1º ciclo
2º ano	1ª série básica	1ª série regular	Ciclo de alfabetização	Bloco inicial de alfabetização	2ª série	Turmas de 7 anos		
3º ano	2ª série	2ª série	2ª série		3ª série	Turmas de 8 anos		1º ciclo	2º ciclo
4º ano	3ª série	3ª série	3ª série	3ª série	4ª série	Turmas de 9 anos	2º ciclo		
5º ano	4ª série	4ª série	4ª série	4ª série	5ª série	Turmas de 10 anos			
ANOS FINAIS								
6º ano	5ª série	5ª série	5ª série	5ª série	6ª série	Turmas de 11 anos	3º ciclo		3º ciclo
7º ano	6ª série	6ª série	6ª série	6ª série	7ª série	Turmas de 12 anos		2º ciclo	
8º ano	7ª série	7ª série	7ª série	7ª série	8ª série	Turmas de 13 anos	4º ciclo		
9º ano	8ª série	8ª série	8ª série	8ª série	9ª série	Turmas de 14 anos			

Fonte: Brasil, 2006d, p. 5.

Sobre a matrícula de crianças com 6 anos de idade, o parecer indica o ano de 2006 como de transição. Os sistemas de ensino poderiam adaptar os critérios usuais no que se refere à idade cronológica de admissão no ensino fundamental, considerando aptas as crianças que tivessem 6 anos completos ou que viessem a completar essa idade no início do ano letivo.

Relembra, também, a necessidade de se manter a oferta e a qualidade da educação infantil em instituições públicas, preservando sua identidade pedagógica, bem como a nova nomenclatura e as faixas etárias estabelecidas na Resolução CNE/CEB nº 3/2005.

Sobre a adequação do projeto pedagógico da escola, visando alcançar os objetivos propostos para o ensino fundamental previstos na legislação educacional, o parecer inclui a menção à alfabetização para o novo ensino fundamental, orientando os sistemas de ensino a definirem

> [...] se o primeiro ano ou os primeiros anos de estudo/série se destina(m) ou não à alfabetização dos alunos e [...] a nova organização dos anos iniciais do ensino fundamental, nos termos das possibilidades dos art. 23 e 24 da LDB.

Essa é uma orientação extremamente relevante, pois remete a uma interpretação do conceito de alfabetização em sua acepção mais ampla, de aquisição e domínio das linguagens (e não apenas da leitura e escrita) em uma temporalidade que ultrapassa um ano letivo, podendo se estender aos anos iniciais ou até mesmo a todo o ensino fundamental. Evita-se, portanto, apenas a interpretação mais estrita de simplesmente antecipar a alfabetização da primeira série (turma com crianças de 7 anos, no ensino fundamental de 8 anos) para o primeiro ano (turma com crianças de 6 anos, no ensino fundamental de 9 anos).

(3.3)

Proposta pedagógica: elementos para reflexão

A ampliação do ensino fundamental para 9 anos e o ingresso das crianças a partir dos 6 anos nessa etapa de escolarização envolvem uma revisão da proposta pedagógica de cada escola (e/ou de todo o sistema de ensino). Caso contrário, o velho ensino fundamental continuará existindo na prática, ainda que com uma roupagem nova (nova nomenclatura).

Podemos questionar a forma como foi conduzido o processo de alteração do ensino fundamental, as opções feitas, as justificativas apresentadas, mas não podemos evitar o cumprimento do que já está legalmente determinado. Se não é possível reverter a situação, então por que não aproveitá-la a nosso favor? Por que não reinventar o trabalho realizado na escola? Por que não torná-lo mais prazeroso para os alunos e professores? Diante dessa nova realidade, a escola, por meio dos sujeitos que a formam, pode manter ou renovar a sua ação pedagógica.

Nesse sentido, concordamos com Barbosa quando ela nos mostra que, entre as críticas possíveis ao novo ensino fundamental, há aspectos que podemos considerar positivos:

> *Podemos fazer "do ovo um(a) omelete", aproveitar a chance de reorientar o ensino fundamental, tendo em vista o ingresso das crianças. E, mais do que a reprodução de uma 1ª série, o novo "1º ano" deve ser visto como uma oportunidade para se criar e operacionalizar uma nova concepção, na qual ensinar a ler e a escrever seja mais do que oferecer giz, quadro-negro e repetições.* (BARBOSA, 2006, P. 53)

Reorientar o ensino fundamental, em nosso entendimento, significa discutir, refletir, argumentar, compartilhar dúvidas e experiências e convencer-se de que é possível buscar uma prática diferenciada da anterior e, sobretudo, empreender ações que levem a escola a uma nova direção, levando-se em consideração os seguintes aspectos:

a. entendimento da escola como um espaço efetivo de democratização e inclusão social;
b. revisão do projeto pedagógico da instituição, repensando sua organização escolar, infraestrutura, avaliação e aprendizagens proporcionadas;
c. manutenção, na proposta pedagógica, das características da educação infantil no primeiro ano do novo ensino fundamental, por ser frequentado por crianças que antes estariam na pré-escola;
d. predomínio de atividades lúdicas;
e. definição do que se entende por alfabetização, além da discussão sobre como e quando ela deve ser iniciada na escola;
f. respeito às fases de desenvolvimento dos educandos (infância, pré-adolescência e adolescência);
g. estímulo ao trabalho coletivo, envolvendo os professores das diferentes etapas da educação básica.

Os tópicos abordados podem orientar a escola na revisão do seu trabalho, tendo em vista as novas orientações legais para o ensino fundamental de nove anos.

(3.4)
Desafios à vista

Traduzir as ideias anteriormente tratadas em ações cotidianas requer romper com várias barreiras que foram sendo construídas historicamente em nossas instituições educativas. Primeiramente, há a necessidade de um trabalho coletivo envolvendo os professores dos diferentes níveis com os demais segmentos. Em nossa realidade, grande parte das escolas apresenta uma fragmentação no corpo docente, perpetuando a máxima do senso comum que diz que cada professor é dono de sua sala de aula e, ao fechar a porta, faz o que quiser.

Faz-se também necessário refletir sobre a articulação entre a educação infantil e o ensino fundamental. Ambas as etapas apresentam culturas diferentes quanto à organização do tempo e do espaço, aos agrupamentos e às concepções do trabalho pedagógico. Mas por que não pensar na hipótese de o ensino fundamental ser influenciado de forma positiva pelas práticas da educação infantil? Por que não pensar em uma pedagogia da infância abrangendo a faixa de 0 a 10 anos? (Faria, 2007).

Outro desafio diz respeito ao apoio técnico e financeiro que os estados e municípios devem garantir para que as escolas da rede pública de ensino possam viabilizar, na prática, as novas orientações. Não se pode falar em autonomia da instituição educativa sem que sejam destinados a ela recursos financeiros condizentes com suas necessidades, não somente para garantir material pedagógico e mobiliário, por exemplo, mas também para investir na formação docente, a qual precisa envolver questões relativas à infância, à ludicidade e à cultura escrita.

Finalizando este tópico, podemos dizer, de forma abrangente, que o desafio maior é concretizar a nova organização do ensino fundamental e conciliar essa nova organização com a educação infantil, assegurando um padrão superior de qualidade ao ensino.

(.)

Ponto final

Vimos neste capítulo que a legislação educacional configurou uma nova organização para o ensino fundamental, concedendo às instituições educativas a autonomia para definir seu funcionamento, desde que tenha aprovação da respectiva mantenedora e esteja em consonância com os documentos legais vigentes.

Consequentemente, podemos vislumbrar a importância do trabalho coletivo e reflexivo da comunidade escolar voltado à inclusão social e à aprendizagem significativa de todos os alunos, de modo a atingir os objetivos de formação propostos na LDBEN/1996 para o ensino fundamental.

Atividades

1. Consulte os documentos do Conselho de Educação do seu estado e/ou município que tratam da implementação do ensino fundamental de nove anos. Analise se constam ideias sobre:
   a. adequação do projeto pedagógico escolar;
   b. articulação entre educação infantil e ensino fundamental;

c. convivência entre os planos curriculares para o ensino fundamental de oito e de nove anos;
d. critérios para matrícula;
e. conceito e prática de alfabetização;
f. formação adequada dos docentes e recursos materiais e financeiros;
g. concepção de avaliação;
h. organização curricular.

Em caso afirmativo, compare-as com as orientações do Conselho Nacional de Educação apresentadas neste capítulo.

2. Assinale a alternativa correta. Sobre as justificativas dos órgãos que ampliaram a duração do ensino fundamental e determinaram o ingresso da criança aos 6 anos de idade nessa etapa, NÃO é correto afirmar que:
   a. a ampliação da escolarização obrigatória aproxima o Brasil da realidade de outros países que têm investido em propostas semelhantes.
   b. essas mudanças proporcionam novas experiências àquelas crianças que não frequentaram a educação infantil.
   c. a melhor maneira de ampliar o tempo de escolarização obrigatória é determinar que se matriculem no ensino fundamental crianças a partir dos 6 anos de idade.
   d. o novo ensino fundamental é uma forma de inclusão social.
   e. essas mudanças unificam o sistema educativo no país, considerando que já havia escolas ofertando o ensino fundamental de nove anos.

3. Entre as propostas a seguir, a única que NÃO é coerente com a nova organização do ensino fundamental é:
   a. promover discussões com toda a comunidade escolar sobre a reorganização do ensino fundamental na escola.
   b. atualizar a proposta pedagógica da escola.
   c. não antecipar em um ano a alfabetização das crianças que ingressarem no ensino fundamental.
   d. mudar a forma dos agrupamentos (turmas) e sua nomenclatura.
   e. desestimular o trabalho integrado entre os professores das diferentes etapas.

4. Quanto às propostas pedagógicas das escolas diante da nova organização do ensino fundamental, a única, entre as enumeradas a seguir, que não pode ser considerada benéfica é:
   a. torná-la mais lúdica.
   b. romper a articulação com o trabalho realizado na educação infantil.
   c. não reservar apenas o primeiro ano para a alfabetização.
   d. readequar espaços e mobiliário para torná-los mais adequados para o novo público que ingressa na escola.
   e. propor ciclos ou outra forma de organização do tempo escolar.

(4)

A escola: sua realidade
e organização

Graziela Macuglia Oyarzabal

<u>N</u>este capítulo, faremos inicialmente uma análise do processo de escolarização na realidade brasileira, contextualizando-o com base em dados estatísticos, e uma abordagem histórica sobre como foram se constituindo as principais tendências pedagógicas até a atualidade, para, na segunda parte do capítulo, apresentarmos a estrutura organizacional da escola de acordo com a legislação vigente.

(4.1)

A realidade escolar brasileira

No Brasil, existem atualmente cerca de 204 mil estabelecimentos de educação básica, sendo quase 83% deles públicos. No ensino fundamental, estão matriculados pouco mais de 33 milhões de alunos, representando 59% do total, conforme podemos visualizar na Figura 4.1.

Os dados do último censo do Instituto Nacional de Estudos e Pesquisas Educacionais Anísio Teixeira (Inep) não revelam o número de crianças e adolescentes na faixa etária entre 6 e 14 anos que se encontram fora da escola, mas essa é uma realidade não muito difícil de ser percebida em nosso país, pois nos deparamos frequentemente com menores pedindo esmola nos semáforos, vendendo balas nos metrôs, enquanto outros são explorados em olarias, carvoarias, todos sem frequentar a escola.

Os dados do Instituto Nacional de Geografia e Estatística – IBGE (Brasil, 2008b) de 1999 mostram que a taxa de escolarização[a] da população entre 7 e 14 anos no Brasil é de quase 96%. Se a compararmos com a do período colonial, em que uma parcela mínima da população (apenas os filhos de donos de terra e senhores de engenho, com exceção das filhas mulheres e dos primogênitos) tinha o privilégio de receber uma educação sistematizada, é óbvio que avançamos. Mas, se ainda existe uma parcela de 4% fora da escola, isso significa que o direito desses cidadãos

---

a. A taxa de escolarização refere-se à "percentagem dos estudantes de um grupo etário em relação ao total de pessoas do mesmo grupo etário" (Brasil, 2008d).

Figura 4.1 – Matrículas na educação básica por etapa e modalidade de ensino

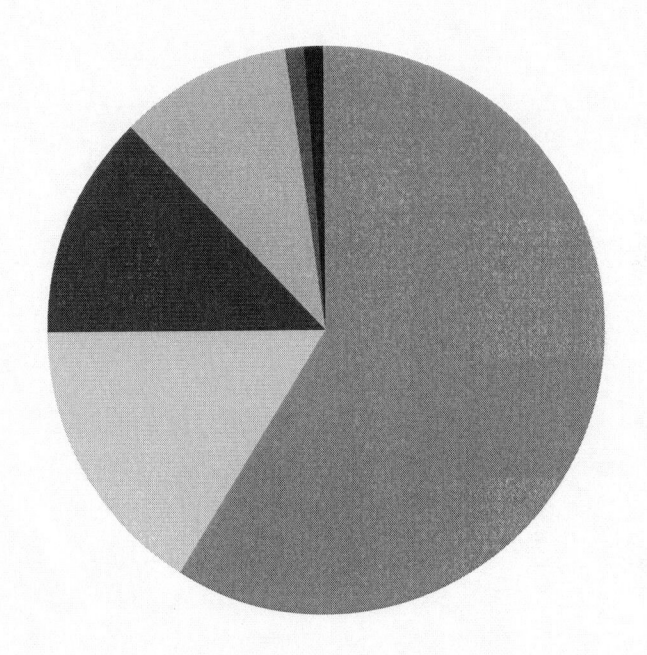

- 59% Ensino fundamental
- 16% Ensino médio
- 13% Educação infantil
- 10% Educação de jovens e adultos
- 1% Educação especial
- 1% Educação profissional

Fonte: Adaptado de Brasil, 2006c.

está sendo violado, independentemente dos motivos que estão levando a essa situação.

Especificamente sobre o trabalho infantil, alguns dados nos servem de alerta:

> No Brasil, uma em cada dez crianças trabalha. Na faixa entre 5 e 14 anos, o Brasil tem taxas iguais às de Honduras e Guatemala (que têm uma renda per capita 3 vezes menor). As taxas voltaram a crescer no Brasil em 1999 (1,9% ao ano). Hoje existem 2.532.065 crianças e adolescentes entre 10 e 14 anos e 375.000 crianças entre 5 e 9 anos, ou seja, 9% da população brasileira entre 5 e 14 anos trabalham. Assim, 36,8% da mão de obra infantil da América Latina é brasileira. (Almeida Neto, 2006)

Essa realidade preocupante aponta as contradições próprias de nossa sociedade capitalista e suscita nossa reflexão: Se a educação é um direito de todos e dever do Estado e se o ensino fundamental é obrigatório, por que ainda há crianças fora da escola?

Como já vimos anteriormente, a educação desenvolve-se no seio de uma sociedade formada por contradições decorrentes do modo de produção que adota. Em uma sociedade de classes como a nossa, as ideias da classe dominante constituem a hegemonia da ideologia. As classes dominadas, embora tenham ideias próprias (sua própria concepção de mundo), acabam por se apropriar das ideias da classe dominante, com as quais são bombardeadas a todo o momento por diferentes meios, como a mídia, que instiga, por exemplo, a necessidade de consumo.

Nesse sentido, a escola se concretiza como a instituição que materializa as ideias pedagógicas representativas da ideologia dominante em uma sociedade. A escola é própria da sociedade civil, mas é controlada pelo Estado.

Principalmente por meio da legislação, o Poder Público direciona o ideário pedagógico que quer desenvolver em determinada realidade social.

Com isso, não queremos dizer, porém, que a escola apenas reproduz a ideologia dominante, como fizeram Baudelot e Establet[b] a partir da década de 1960. Queremos, sim, assinalar que a escola, além de reproduzir a ideologia dominante, também avança e investe no processo civilizatório. Essa é a contradição da escola como instituição: por um lado, reprodutora e, por outro, transformadora. Assim, podemos afirmar que ela não é uma instituição com ideologia neutra. Ao contrário, é permeada por diferentes visões de mundo, de acordo com as diferentes classes dos sujeitos que a formam, em constante movimento de luta e resistência.

De outra forma, Veiga-Neto (2001) nos mostra que a escola é um instrumento poderoso no disciplinamento dos corpos, por meio da sua organização dos espaços e tempos, que delimitam (conformam) as intenções quanto às aprendizagens dos alunos. Nesse sentido, denuncia o seu caráter opressor e reprodutor das relações sociais da sociedade quando objetiva tornar dócil o corpo da criança e questiona a sua função na socialização dos seres humanos e na busca por maior justiça social.

---

b. Autores franceses que desenvolveram a "teoria da escola dualista", conforme denomina Dermeval Saviani. Eles afirmavam que a escola é dividida em duas grandes redes, correspondentes à classe burguesa e ao proletariado, sob a aparência de uma unidade (Saviani, 2005).

(4.2)

Tendências pedagógicas

A educação tradicional foi o modelo educativo vigente em nosso país até o início do século XX, quando começaram a surgir movimentos questionando e propondo novas formas de ensino. Um desses movimentos, chamado de *Escola Nova*, teve seu ápice no Brasil na década de 1920 e questionou o modelo anterior, o tradicional, que se centrava no professor e tinha como concepção de aprendizagem a transmissão do conhecimento ao aluno como se este fosse uma folha em branco ao ingressar na escola.

O movimento da Escola Nova chegou ao Brasil por intermédio de Anísio Teixeira e Fernando de Azevedo[c], inspirados pela onda escolanovista europeia e americana. De caráter liberal, centralizava no aluno as decisões sobre o ensino: o que, onde e como estudar. O professor, autoritário no modelo anterior, agora era um facilitador, alguém que interferiria no processo de aprendizagem apenas se o aluno solicitasse. A aprendizagem, nesse modelo, daria-se pela descoberta, pois o aluno já traria todos os conhecimentos em sua bagagem hereditária, devendo apenas despertá-los no seu dia a dia.

Outra representante da Escola Nova, a médica e educadora italiana Maria Montessori[d], com base em sua

---

c. Para obter mais informações sobre esses educadores, acesse os *links*: <http://www.prossiga.br/anisioteixeira> para Anísio Teixeira e <http://www.biblio.com.br/defaultz.asp?link=http://www.biblio.com.br/conteudo/biografias/fernandodeazevedo.htm> para Fernando de Azevedo.

d. Para obter mais informações sobre essa educadora, acesse o *site* da Organização Montessori do Brasil, por meio do seguinte *link*: <http://www.omb.org.br>.

experiência com crianças deficientes, sobretudo no período pós-guerra, defendia a ideia de que as crianças precisam aprender de acordo com o seu ritmo e as suas potencialidades. Para tanto, criou vários materiais para serem manipulados pela criança com independência e autonomia. Alguns exemplos de recursos criados pela educadora: materiais exploratórios de atividades diárias (abotoar, amarrar etc.), sensoriais e de propriedades dos objetos (textura, cor, forma etc.), material dourado (base decimal), letras vazadas, entre outros.

Montessori criou esses materiais por sua

> *convicção de que a educação só é alcançada com a atividade própria do sujeito que se educa; apela a uma maior liberdade para satisfazer os estímulos próprios do aluno. Dessa maneira, a atividade tem um papel essencial e deve disciplinar-se para o trabalho mediante um ambiente adequado, que propicie uma atividade livre, articulada aos interesses naturais.* (Pujol-Busquets, 2003, p. 27)

Ainda hoje, sobretudo na educação infantil, algumas escolas são influenciadas pelo método montessoriano, com ou sem adaptações das ideias originais. O método é questionado por acentuar demasiadamente a liberdade e os interesses dos alunos, contribuindo para uma formação mais individualista.

Uma proposta mais radical na defesa da liberdade das crianças é a da escola de Summerhill[e], na Inglaterra, idealizada pelo professor e escritor escocês A. S. Neill, o qual "tinha uma grande confiança na autorregulação individual e no autogoverno coletivo como pedras angulares de uma

---

e. Para obter mais informações sobre essa escola, acesse: <http://www.summerhillschool.co.uk>.

educação que impregna o subconsciente da criança, que não impõe, mas que potencializa uma amplitude de visões e personalidades abertas" (Bardolet, 2003, p. 88). Para tanto, defendia antes uma formação emocional do que intelectual.

Mais radical ainda era a proposta de Ivan Illich (1926-2002)[f], que defendia a desescolarização, ou seja, uma sociedade sem escolas, título dado a um de seus livros. Para Illich, não só a educação, mas também a sociedade, quando institucionalizadas, causam danos à formação humana. O autor propunha a desinstitucionalização da educação e a criação de redes educativas fora do ambiente institucionalizado.

Toda escola desenvolve suas atividades pedagógicas de acordo com suas concepções de mundo, de ser humano, de educação. Essas concepções originam o que Becker (2001) chama de *modelos pedagógicos*, classificados pelo autor em: diretivo, não diretivo e relacional. Estes, por sua vez, são sustentados por modelos epistemológicos, respectivamente o empirismo, o inatismo ou apriorismo e o relacional.

Exemplificando, podemos dizer que a pedagogia tradicional, modelo dominante desde a chegada dos jesuítas até o início do século XX, corresponde ao modelo diretivo, cuja figura central é o professor. Já o movimento renovador, que surgiu no início do século XX e foi levado a cabo pela Escola Nova, corresponde ao seu oposto, pois representa a pedagogia não diretiva, na qual o aluno é o elemento central no processo de ensino-aprendizagem.

A partir da década de 1960, foi se desenvolvendo um movimento que tentava superar os dois anteriores, no

---

f. Para obter mais informações sobre esse professor e escritor austríaco, acesse os seguintes *links*: <http://www.direitodeaprender.com.pt/revista04_03.htm> e <http://www.ivanillich.org/Principal.htm>.

sentido de não polarizar o processo exclusivamente no professor ou no aluno. Com base em pesquisas realizadas nas áreas da psicologia e da epistemologia[g], despontou no cenário educacional o modelo relacional, no qual a relação entre professor e aluno é o centro do processo educativo. Esse modelo busca suprimir o autoritarismo do professor, típico do modelo diretivo, mas também resgatar a importância da intervenção docente, que havia sido abandonada no modelo não diretivo.

Encontramos aqui Piaget, Vygotsky, Wallon e Paulo Freire, por exemplo, que mostram que a aprendizagem não se dá nem por transmissão nem por descoberta, mas pela construção e apropriação do objeto de conhecimento pelo sujeito. Se considerarmos o período de pouco mais de 500 anos de Brasil, o modelo relacional é muito recente e talvez por esse motivo ainda seja muito questionado e combatido, bem como equivocadamente interpretado em várias situações.

Os defensores de uma educação mais rígida, centrada na ordem, na disciplina e na memorização de conteúdos, rechaçam os demais modelos. Acreditam que, se o professor não estiver no comando, os conteúdos úteis ao futuro dos alunos não serão aprendidos. Acreditam que trabalhar conhecimentos ligados à realidade e à necessidade dos alunos é trabalhar com conteúdos de segunda ordem (menos importantes). Além disso, equivocadamente, não conseguem diferenciar claramente os pressupostos epistemológicos que distinguem o modelo não diretivo do relacional,

---

g. "Hoje concebe-se a Epistemologia como uma área do conhecimento humano que estuda os critérios de verdade das ciências. [...] Partindo do conhecimento do conhecimento [...] vai em direção às construções sistemáticas deste conhecimento feitas pelo homem: as ciências" (Franco, 2000, p. 17).

atribuindo ao último o espontaneísmo (*laissez-faire*) próprio do primeiro modelo[h].

É necessário registrar que, embora esses três modelos tenham origem em determinado momento histórico e cada um deles tenha tentado superar o anterior, um não exclui o outro, ou seja, temos em nossa realidade, hoje, a coexistência dos três.

(4.3)
A escola e sua estrutura organizacional

Entendemos que a escola é uma instituição social que tem como objetivo a formação humana. No sentido dado por Libâneo (2004, p. 100), é considerada uma organização de "unidade social que reúne pessoas que interagem entre si e que opera por meio de estruturas e processos organizativos próprios, a fim de alcançar os objetivos da instituição". Mas essa organização, para existir e funcionar no dia a dia, necessita de uma gestão responsável pela tomada e controle de decisões, que pode ser assumida pelo diretor, associado ou não a outros sujeitos, conforme a concepção adotada pela instituição: mais técnica ou mais participativa.

A estrutura organizacional de uma escola dá forma a essa instituição. Está prevista na legislação educacional e

---

h. Para aprofundar essa crítica, é interessante ler Becker (2005), que apresenta uma pesquisa realizada com professores, questionando-os sobre qual modelo pedagógico acreditavam adotar em sua prática docente.

deve ser registrada no regimento escolar, documento que define a organização e o funcionamento da escola em seus aspectos pedagógicos.

A estrutura básica de uma escola de ensino fundamental pode compreender:

- a direção;
- o setor técnico-administrativo;
- o setor pedagógico;
- os professores;
- os alunos;
- os pais;
- o conselho escolar.

Vejamos, agora, em que se constitui cada um desses elementos[i].

Direção

É responsável pela representação legal da instituição. Essa função é cumprida por um diretor, com a assessoria de um vice-diretor, assistente de direção ou coordenador de turno, dependendo do tipo de escola, do número de alunos que atende e dos turnos nos quais funciona. Em instituições públicas, a escolha do diretor é feita por votação direta, com a participação de todos os segmentos que formam a escola, conforme as orientações previstas na lei de gestão democrática municipal ou estadual e a legislação própria de cada sistema de ensino. Nas instituições privadas, a forma de escolha ou indicação é definida pela sua mantenedora. Em ambos os casos, é papel do diretor responsabilizar-se pelo

---

i. Para obter mais informações relacionadas a esses elementos, consulte Libâneo (2004).

funcionamento da escola, consoante a legislação vigente, zelando para que sua proposta pedagógica se efetive.

Setor técnico-administrativo

É responsável por atividades que subsidiam o trabalho pedagógico da instituição, desenvolvidas por pessoas com capacitação para isso. Uma escola de ensino fundamental pode requerer as seguintes atividades: secretaria, para organização e expedição de documentos de alunos e professores, além da organização da correspondência e da documentação da escola; biblioteca, para organização de acervo e orientação no seu uso, bem como realização de atividades variadas, como hora do conto, feira do livro etc.; laboratórios, para um trabalho mais aprofundado e diversificado com as diferentes linguagens e recursos tecnológicos; brinquedoteca; nutrição; vigilância; limpeza e manutenção, entre outros, conforme as necessidades de cada escola.

Setor pedagógico

É geralmente formado por duas atividades centrais para o bom desenvolvimento do trabalho da escola: coordenação pedagógica e orientação educacional, desenvolvidas em conjunto ou não, dependendo da escola e do sistema escolar. Essas funções requerem profissionais com habilitação, formados, conforme o art. 64 da Lei de Diretrizes e Bases da Educação Nacional – LDBEN/1996 (Brasil, 1996), em cursos de graduação em Pedagogia ou de pós-graduação.

Em respeito à Resolução CNE/CP n° 1, de 15 de maio de 2006 (Brasil, 2006b), do Conselho Nacional de Educação (que versa sobre as Diretrizes Curriculares Nacionais para o Curso de Graduação em Pedagogia, Licenciatura), os cursos de Pedagogia destinam-se atualmente à formação para a docência na educação infantil, nos anos iniciais do ensino fundamental, nos cursos de ensino médio, na modalidade normal, em cursos de educação profissional na área de serviços e apoio escolar, compreendendo também a plena participação na organização e gestão de sistemas e instituições de ensino. Dessa forma, as habilitações para a supervisão escolar e a orientação educacional, que antes integravam os cursos de graduação, agora são oferecidas em cursos de pós-graduação.

Dissemos anteriormente que as funções de coordenação pedagógica e orientação educacional podem estar unidas em seu desenvolvimento. Cabe agora maior explicitação a respeito. Cada qual tem seu foco específico – o coordenador pedagógico ou supervisor escolar tem, entre suas funções, assessorar os professores em seu trabalho diário e manter um relacionamento com a comunidade sobre o funcionamento da escola. Já o orientador educacional atua mais diretamente com os alunos e suas famílias, quando necessário.

Como professores e alunos são elementos centrais no processo educativo, seria pouco producente que cada profissional atuasse apenas em sua área, sem interagir com o outro. Podemos também supor que, se a escola não mantiver as duas funções, pode sobrecarregar uma delas ou ter maiores dificuldades em seu fazer pedagógico.

É importante resaltar que o setor pedagógico não pode ser um mero responsável por aspectos burocráticos, tais como controlar professores e alunos, verificar cadernos de chamada, examinar o planejamento dos professores e impor ações. Deve também proporcionar momentos de estudo e integração de experiências, a fim de enriquecer o trabalho pedagógico.

Professores

São aqueles profissionais com habilitação própria para atuar diretamente com os alunos, nas diferentes etapas e modalidades, colocando em prática a proposta pedagógica da escola. Especificamente em relação ao ensino fundamental, o art. 62 da LDBEN/1996 determina que, para o professor atuar nos anos iniciais (do 1º ao 5º ano), este necessita ter formação superior em curso de licenciatura, de graduação plena, sendo admitida como formação mínima a realizada em nível médio na modalidade normal. Já para atuar do 6º ao 9º ano, necessita ter formação superior na área específica de atuação, conforme a disciplina a ser ministrada. O corpo docente, de acordo com o art. 13 da LDBEN/1996, envolver-se-á na elaboração da proposta pedagógica da escola e, com base nela, planejará e desenvolverá seu plano de trabalho, zelando pela aprendizagem de seus alunos, prevendo recuperação para aqueles de menor rendimento e colaborando com a interação entre escola, família e comunidade.

Alunos

São os sujeitos que estão em processo formativo, constituindo o corpo discente. Juntamente com os professores, representam os elementos centrais no processo de ensino-aprendizagem.

Pais

Devem estar cientes da proposta pedagógica da escola, bem como acompanhar, na condição de responsáveis, o desempenho de seus filhos nas diferentes disciplinas. É ainda dever dos pais matricular seus filhos a partir dos 6 anos de idade no ensino fundamental, conforme a legislação vigente (art. 6º, LDBEN/1996).

Conselho escolar

A criação de conselhos escolares resulta da gestão democrática nas escolas públicas de educação básica (art. 14, LDBEN/1996), implementada nos últimos anos. Propicia-se, assim, uma maior participação nas decisões tomadas pela escola e também maior autonomia nas instâncias administrativa, financeira e pedagógica. Com a lei de gestão democrática, a ser definida por cada sistema de ensino (estadual e municipal), as decisões não mais dependem do diretor da escola, mas sim de uma comissão formada por representantes dos diferentes segmentos (professores, funcionários, alunos e pais), além do diretor, membro nato.

É importante destacar que a escola não pode barrar a livre organização dos segmentos da comunidade escolar, como a criação de associação de professores, grêmio estudantil ou associação de pais e mestres, pois esse é um dos princípios da gestão democrática no ensino público.

Em linhas gerais, assim se organiza uma escola de ensino fundamental. Há ainda dois outros elementos relevantes na organização de uma escola: suas incumbências e a elaboração de sua proposta pedagógica, que veremos a seguir.

(4.4) As incumbências das escolas segundo a LDBEN/1996

O art. 12 da LDBEN/1996 apresenta as incumbências dos estabelecimentos de ensino, ou seja, as suas atribuições. À escola cabe elaborar sua proposta pedagógica com autonomia, com a participação da comunidade escolar e com base em sua realidade, de acordo com o marco legal e a aprovação da sua mantenedora. O seu registro será feito em um documento chamado *projeto político-pedagógico*, projeto pedagógico ou outro nome semelhante, que cumpre a função de definir os rumos da instituição. A LDBEN/1996 fala ora em proposta pedagógica (arts. 12 e 13), ora em projeto pedagógico (art. 14), mas, independentemente do nome, a ideia é que se expresse a identidade da instituição, ou seja, as suas concepções e o tipo de educação que quer desenvolver.

É interessante ressaltar que vários educadores[j] têm defendido o nome *projeto político-pedagógico* (PPP), explicitando que a inclusão do termo político mostra a opção feita pela escola sobre o tipo de aluno que quer formar e o tipo de sociedade que deseja. Como nos afirma Paulo Freire, a educação é um ato político, pela sua não neutralidade, sem esquecermos que não podemos confundi-la com o ato partidário. Diz Freire (2007, p. 77-78):

> *Creio poder afirmar, na altura destas considerações, que toda prática educativa demanda a existência de sujeitos, um que, ensinando, aprende, outro que, aprendendo, ensina, daí o seu cunho gnosiológico; a existência de objetos, conteúdos a serem ensinados e aprendidos: envolve o uso de métodos, de técnicas, de materiais; implica, em função de seu caráter diretivo, objetivo, sonhos, utopias, ideais. Daí a sua politicidade, qualidade que tem a prática educativa de ser política, de não poder ser neutra.*

Em vez de ser um documento para estar engavetado, o projeto pedagógico deve servir de bússola e orientar os passos dados pela escola em seu cotidiano. Na sua construção,

---

j. Para aprofundar esse conteúdo, consulte as obras de Vasconcellos (2006a) e Veiga (2007).

as grandes perguntas a serem analisadas e respondidas são: que escola queremos? Que escola temos? Que faremos para alcançar a escola que queremos?

Todavia, esse documento não pode ser uma camisa de força, engessando o trabalho a ser realizado e impedindo adaptações e inovações. Daí a necessidade de todos os segmentos participarem da sua elaboração, principalmente os professores, pois se eles não conhecerem o projeto da escola e não se identificarem com ele, como planejarão suas aulas de forma a alcançar o tipo de educação expresso no documento?

O projeto pedagógico é o "plano global da instituição" (Vasconcellos, 2006a, p. 169), mostrando às comunidades escolar e local o projeto educativo e social que prioriza. Entretanto, cada sujeito que forma a escola possui suas próprias concepções, que podem se aproximar ou não do ideal buscado pela instituição. O projeto será a referência com base no qual cada professor, por exemplo, poderá refletir sobre suas concepções e suas práticas, referência nunca definitiva, mas que, com esse movimento (reflexões sobre as práticas), pode ir sofrendo alterações periódicas, sendo indicada a revisão do documento (reformulação/atualização) a cada três ou quatro anos. Em vez de cercear o trabalho dos professores, a linha de ação definida no projeto colabora para que o processo educativo seja mais coeso, evitando que, a cada ano letivo, os alunos passem por professores que trabalham de forma tão diferente (com base em diferentes epistemologias) que rompam até mesmo com o ideal de educação buscado pela escola.

Uma segunda incumbência da escola diz respeito à administração de seu pessoal e dos recursos materiais e financeiros, prevista na gestão democrática do ensino público, sendo de responsabilidade do conselho escolar ou outro órgão equivalente, e não mais da direção da escola, à exceção das escolas privadas, cuja administração seguirá as regras definidas por sua mantenedora.

Além dessas, outras incumbências da escola são respeitar o cumprimento dos dias letivos e horas-aula previstos, zelar pelo cumprimento do plano de trabalho dos docentes, prover meios para recuperação de alunos de menor rendimento, estabelecer vínculos com as famílias e a comunidade, notificar aos órgãos competentes a relação de alunos com frequência abaixo de 50% do percentual permitido em lei e, por último e de extrema relevância, manter informados os pais e responsáveis sobre a frequência e o rendimento dos alunos, como também executar sua proposta pedagógica. Queremos ressaltar ainda que é atribuição da escola chamar os pais e responsáveis para sua efetiva participação na elaboração da proposta pedagógica e mantê-los informados sobre como essa proposta está sendo executada.

(.)

Ponto final

Vimos neste capítulo que a escolarização é um projeto hegemônico nas sociedades capitalistas, atingindo, na realidade brasileira, um percentual cada vez mais próximo da sua universalização. A educação escolar é objeto de legislação própria e representa um direito do cidadão – o acesso ao ensino fundamental obrigatório. É dever do Estado oferecê-lo e dever dos pais e responsáveis matricular as crianças. Já a estrutura organizacional da escola tem como objetivo garantir o bom funcionamento institucional e colaborar com o processo formativo dos membros da sociedade, respeitando os contornos legais próprios.

Atividades

1. Relacione as proposições de acordo com suas características:

   (1) Modelo pedagógico relacional
   (2) Modelo pedagógico não diretivo
   (3) Modelo pedagógico diretivo

   ( ) O professor tem pouca participação nas atividades realizadas pelos alunos.
   ( ) A aprendizagem está baseada na ação do aluno sobre o objeto de conhecimento.
   ( ) Critica o modelo tradicional de educação, centrado na figura autoritária do professor.
   ( ) A aprendizagem está baseada na transmissão do conhecimento.
   ( ) Respeita o ritmo e as potencialidades de cada criança, dando prioridade ao trabalho individualizado.

   A sequência correta, de cima para baixo, é apresentada na alternativa:
   a. 2, 1, 1, 2, 3.
   b. 1, 2, 3, 1, 2.
   c. 3, 2, 2, 1, 3.
   d. 2, 1, 1, 3, 2.
   e. 2, 1, 2, 3, 1.

2. A estrutura organizacional de uma escola é definida considerando-se:
   a. a composição da direção e sua gestão administrativa.
   b. o envolvimento dos pais, alunos e professores em gincanas e outras atividades realizadas pela escola.

c. a composição de setores e funções necessários a uma unidade social em torno de objetivos próprios a serem atingidos.

d. a presença dos professores no conselho escolar.

e. o número mínimo de 100 alunos matriculados na escola.

3. Considerando as incumbências da escola previstas no art. 12 da LDBEN/1996, marque (V) se a afirmação for verdadeira e (F) se for falsa:

a. (   ) A escola deve organizar sua proposta pedagógica, mas não precisa executá-la conforme o que foi previsto.

b. (   ) A recuperação dos alunos de menor rendimento deve ser pensada por cada escola e registrada no seu projeto pedagógico.

c. (   ) A administração do pessoal e dos recursos financeiros de cada escola é de responsabilidade da secretaria estadual ou municipal de educação, conforme o caso.

d. (   ) A escola precisa comunicar o conselho tutelar de seu município sempre que algum aluno faltar à aula, independentemente da porcentagem de vezes que tal fato acontecer.

e. (   ) É tarefa da escola assegurar o cumprimento dos dias letivos e horas-aula estabelecidos em sua programação anual.

(5)

A pesquisa no
ensino fundamental

Graziela Macuglia Oyarzabal

Problematizar a presença da pesquisa na escola de ensino fundamental constitui o eixo central deste capítulo, que pretende: questionar as pseudopesquisas solicitadas por professores e constituídas por consultas e cópias de outros textos; argumentar em favor do ensino como pesquisa e da formação de professores e alunos pesquisadores; apontar novas formas de conceber e praticar a ação pedagógica na escola.

(5.1)
Reflexão inicial

Imagine que você é professor em uma escola de ensino fundamental e se depara com a seguinte cena: na hora do recreio, uma turma de crianças dos anos iniciais, ao término do lanche, observa um grupo de formigas se aproximar dos farelos no chão. Em fila indiana, as formiguinhas começam a carregar os farelos em direção ao olheiro do formigueiro. As crianças as seguem e se questionam: Por que as formigas carregam os farelos do lanche? Para onde os estão levando? Os farelos não são muito pesados para elas? E outras mil perguntas possíveis. Soa o sinal para o término do recreio. Você e as crianças voltam à sala de aula. No caminho, você nota que elas discutem, animadas, a descoberta do recreio. Ao chegar à sala de aula, que atitude você toma? Solicita silêncio à turma para que a atividade previamente planejada seja executada conforme o previsto? Pede aos alunos que comentem o que aconteceu para, logo em seguida, continuar normalmente a aula? Faz uma exposição sobre todo seu conhecimento a respeito das formigas? Ouve as crianças, registra as suas hipóteses para as dúvidas levantadas e organiza atividades nos próximos dias a respeito das curiosidades apontadas?

Nesse exemplo hipotético, a escolha por uma ou outra atitude depende das concepções do docente sobre educação, ensino, aprendizagem e pesquisa. O professor que não escolher a última alternativa deixará passar uma excelente oportunidade de estimular a pesquisa, trabalhando com o conhecimento científico de forma significativa e concreta, além de desenvolver o espírito investigativo dos seus alunos.

Afinal, trabalhar com pesquisa na escola não é mais apenas ir a um laboratório e se transformar num Professor Pardal, o personagem das histórias em quadrinhos de Walt Disney.

(5.2)
O que é pesquisa?

A pesquisa é uma atividade de cunho científico voltada ao estudo de fenômenos sociais, biológicos, físicos, químicos, psicológicos etc. Exige rigor científico, necessário para a comprovação das explicações dadas para os fenômenos estudados, e pode basear-se em diversas teorias e abordagens.

Todavia, ela também faz parte do cotidiano, das ações diárias de um grupo social e, portanto, não pode estar associada apenas a um grupo privilegiado de indivíduos com mente brilhante ou aos cientistas. Mas, por outro lado, não pode cair na banalização, como tem acontecido nos últimos anos, em que várias atividades realizadas sob a denominação de *pesquisa* tratam apenas de seu sentido mais estreito, como em dois exemplos citados por Lüdke e André (2005): na esfera política, a pesquisa sobre as tendências eleitorais e, na esfera educacional, os trabalhos de pesquisa sobre determinado tema que, na verdade, mais se constituem como consulta ou cópia do que como investigação.

Para as referidas autoras, pesquisamos quando promovemos "o confronto entre os dados, as evidências, as informações coletadas sobre determinado assunto e o conhecimento teórico acumulado a respeito dele" (Lüdke; André, 2005, p. 1), partindo da formulação de um problema que despertou a nossa curiosidade. Ou seja, a pesquisa é uma atividade em que nos empenhamos para descobrir uma resposta que não conhecemos. Não há razão para pesquisas cujo resultado já sabemos de antemão. Pesquisar exige dedicação, justamente porque estaremos nos embrenhando em um mundo desconhecido. Como recompensa, nossas dúvidas serão respondidas e, quiçá, novas serão formuladas, mostrando-nos nossa incompletude em relação ao conhecimento.

Pesquisar envolve duas variáveis: tempo e dinheiro, sobre as quais se deve pensar bem antes de iniciar uma investigação. A disponibilidade dessas variáveis contribuirá para o direcionamento e a abrangência da pesquisa, bem como para sua realização.

É relevante destacar que a pesquisa de um problema não deve só cumprir exigências acadêmicas, mas, sobretudo, como aponta Triviños (2003, p. 15), deve servir "para mudar, ou transformar, essa realidade representada pelo problema". Dessa maneira, acreditamos que a pesquisa deve estar presente na instituição escolar, sendo atividade inerente ao trabalho do professor e ao ensino, e não realizada apenas em organismos e instituições reconhecidos, oficialmente, como de pesquisa.

(5.3)
A pesquisa em educação

Na América Latina, foi a partir da década de 1970 que aumentou o interesse pelos aspectos qualitativos da educação. Até então, o que predominava eram os aspectos quantitativos, privilegiando o caráter estatístico das pesquisas. A preocupação com a mensuração dos dados revelava a dimensão positivista[a] que permeava as explicações científicas na época. Para o positivismo, a realidade é fixa e imóvel e, portanto, torna-se simples isolar o fenômeno em estudo e quantificar suas variáveis. Vale acrescentar que essa prática refletia o emprego dos métodos e princípios das ciências naturais nas ciências humanas.

Na tentativa de se emancipar das ciências naturais e empregar métodos próprios de pesquisa, as ciências humanas avançaram em direção à abordagem qualitativa. Isso não significa que se prescinda dos aspectos quantitativos do fenômeno, pois eles servem como ponto de partida, para buscar uma explicação para a mensuração indicada. O movimento da pesquisa qualitativa teve grande impulso com os antropólogos e sociólogos, que desenvolveram estudos sobre a vida de sujeitos e comunidades inserindo-se *in loco* no contexto pesquisado.

Sob a abordagem qualitativa, a pesquisa busca compreender o comportamento e a experiência humana em sua natureza desreificada, porque associada à construção de significados constituídos historicamente. Além disso, rejeita a pretensa neutralidade que sempre foi atribuída à pesquisa científica própria das ciências naturais, pois o investigador maneja com teorias que são também políticas e, portanto, é impossível manter-se em uma posição ASSÉPTICA (Lüdke; André, 2005, p. 5).

Os tipos de pesquisa mais adotados na área da educação, por atenderem aos princípios e características da abordagem qualitativa, têm sido o etnográfico, o estudo de

---

a. Derivada da ideia de Augusto Comte, fundador do positivismo, de estender os métodos científicos das ciências naturais aos estudos sobre a sociedade. A concepção de método científico de Comte era evolucionista e empirista, modelo baseado numa explicação geral e simétrica (Bottomore, 2001).

caso, a pesquisa-ação e a pesquisa participante. Neles, costumam ser empregados instrumentos tais como a entrevista, o questionário, a observação, o grupo de discussão, o diário de campo, a análise de documentos, entre outros.

É importante conhecer mais profundamente todas as possibilidades de pesquisa em educação, pois é por meio do questionamento sistemático sobre a realidade que se pode avançar e superar o senso comum. Entretanto, não necessariamente o professor precisa estar cercado de um projeto formal (registro), de instrumentos mais elaborados e recursos mirabolantes para pesquisar sua realidade na escola. Ter a postura receptiva, o olhar atento e a escuta disponível, lançar desafios aos alunos, indagar-se sobre por que determinado aluno não aprende certo conteúdo são práticas de pesquisa que permitem uma reflexão mais sistemática sobre a realidade.

(5.4)
O ensino como pesquisa

Nos dias de hoje, o conhecimento se atualiza com tal velocidade que, neste exato momento, enquanto você lê este livro, novidades são divulgadas mundo afora, ameaçando transformar várias de nossas certezas em ideias ultrapassadas e desatualizadas. É impossível para qualquer um de nós receber e reter em nossa memória todo o conhecimento historicamente acumulado pela humanidade. Manejamos parte do conhecimento disponível, ao qual temos acesso por diversos meios: escola, leitura, meios de comunicação de massa, conversa etc. Algumas dessas informações são registradas em nossa memória, outras vão sendo apagadas com o tempo, à medida que novas informações vão sendo incorporadas.

Esse princípio da atualização constante se faz necessário também na escola, pois não podemos mais conceber uma escola parada no tempo, que apenas reproduz os conhecimentos socialmente elaborados de forma estática e descolada de significados para a comunidade escolar.

Se defendemos uma educação emancipatória, que contribua com a formação de um cidadão autônomo e capaz de manejar e produzir conhecimento, é essencial trazermos a pesquisa para o interior de nossas salas de aula, como reivindica Demo (2004, p. 15): "A aula não pode mais ser a definição do professor, mas a pesquisa, entendida como princípio científico e educativo, ou seja, como expediente para gerar ciência e promover o questionamento crítico e criativo".

Defendemos, portanto, um ensino associado à pesquisa. Entendemos *pesquisa* como a atividade própria do ser humano de investigar a realidade na qual vive. A criança, desde muito cedo, é pesquisadora. Está atenta ao seu meio e o questiona incessantemente. Está sempre inconformada em apenas aceitar a realidade dada, pois necessita estudá-la, interpretá-la e compreendê-la melhor. Entretanto, o que fazemos? Muitas vezes não damos importância aos questionamentos das crianças, pois as consideramos seres com menor grau de compreensão. Aos poucos, à medida que avançam no processo de escolarização, matamos sua curiosidade e as formatamos no padrão ideal de aluno: quieto, obediente, passivo e heterônomo.

Um exemplo da importância das perguntas formuladas pelas crianças é o projeto realizado pela Universidade Tübingen, na Alemanha, em 2002, denominado *Universidade das Crianças*. Uma vez por semana, as crianças iam à universidade e formavam a plateia em que renomados professores universitários respondiam a seus questionamentos. Algumas das perguntas feitas pelas crianças eram: Por que as pessoas precisam morrer? Por que existem ricos e pobres? Por que o ser humano descende do macaco? Diante de um auditório lotado de crianças, até mesmo professores experientes não conseguiam conter seu nervosismo:

> Os professores preocupavam-se mais que de costume em como apresentar da melhor maneira o seu conhecimento, como serem mais claros sem perder de vista a pergunta que tinha dado origem a tudo, o porquê. Isso exigiu um esforço bem diferente daquele de falar para estudantes da área ou profissionais especializados, o que, às vezes, levava os professores a outros problemas, que eles nem podiam imaginar.
> (JANSBEN; STEUERNAGEL, 2005, P. 10-11)

Como resultado dessa experiência, reafirmou-se que as crianças têm sede pelo conhecimento e estão atentas ao mundo no qual vivem.

Portanto, acreditamos que o processo de ensino-aprendizagem e de compreensão da realidade natural e social deva ser concebido tendo como base a pesquisa, sendo importante a ação do professor, mesmo que ele não tenha vivenciado esse processo na sua escolarização, em sua formação universitária, no sentido de apropriar-se de teorias, técnicas e métodos adequados para ensinar pesquisando e ensinar seus alunos a continuarem a pesquisar. Ensinar pesquisando significa "aprender a pensar e não somente repetir conteúdos" (Triviños, 2003, p. 15), contrariamente ao que ocorre hoje em muitas escolas.

Um dos desafios que existem atualmente no campo acadêmico é justamente pesquisar com base em uma teoria definida, e não somente em atividades empíricas. Nas escolas de ensino fundamental e médio, é comum associar a pesquisa à mera cópia de informações de livros. Nos dias de hoje, isso se tem tornado extraordinariamente mais fácil com o acesso à internet, e o ensino superior não foge à regra.

Os cursos de graduação têm desenvolvido de forma incipiente a pesquisa em seus currículos, incluindo uma ou duas disciplinas que tratam, muito vagamente, dos conhecimentos a ela vinculados. Podemos dizer que os graduados saem apenas com algumas noções sobre o que é a pesquisa na área das ciências sociais, principalmente nos cursos da área de educação. Essa fragilidade se reflete, posteriormente, quando esses mesmos alunos postulam acesso aos cursos de pós-graduação. A pesquisa carece de ser um elemento condutor em todo o processo de formação do professor para atuar na educação básica. Se alimentarmos desde a educação infantil o espírito curioso e investigativo das crianças, por meio do ensino pela pesquisa, certamente alteraremos a realidade atual e futura de nossas escolas.

O desenvolvimento de projetos de trabalho tem sido uma alternativa recorrente na organização do ensino que privilegia a atividade investigativa conjunta entre professor e alunos. Não é uma ideia nova, pois sua origem está associada ao início do século passado, quando Kilpatrick[b] (1871-1965), impulsionado pelo movimento da Escola Nova, sistematizou essa prática educativa em sala de aula, considerando as contribuições de Dewey[c] (1859-1952), sobretudo

---

b. Professor e escritor norte-americano que seguia as ideias educacionais de John Dewey. Foi um ilustre representante do movimento progressista da educação norte-americana, na primeira metade do século XX.

c. Filósofo e pedagogo norte-americano representante da corrente filosófica conhecida como *pragmatismo* e defensor da educação progressista. Suas ideias influenciaram o movimento da Escola Nova no Brasil, liderado por Anísio Teixeira, na primeira metade do século XX.

em relação à afirmação de que "o pensamento tem sua origem numa situação problemática" (Hernández, 1998, p. 67) a ser resolvida. Os projetos estão associados à perspectiva de trabalhar com a complexidade do conhecimento escolar, no sentido de aproximar os conhecimentos de diferentes campos disciplinares para tratar dos problemas investigados, facilitando a compreensão dos alunos. A partir da década de 1980, tem-se ressignificado o trabalho com projetos, despontando, entre outras, a experiência espanhola, amplamente relatada por Hernández e Ventura (2007).

Morin (2006) tem alertado para o fato de que, ao longo dos tempos, as ciências têm sido fragmentadas e compartimentadas, induzindo-nos a uma inteligência míope, porque impede o uso total da nossa inteligência pela redução da reflexão e da crítica. Para o referido autor, o currículo escolar reproduz a separação e a fragmentação entre a cultura das humanidades e a cultura científica, transformando as disciplinas em caixinhas repletas de conteúdos que, isoladamente, são acessadas por cada professor ao início e término de suas aulas. Segundo esse autor, é necessária uma reforma do pensamento capaz de religar o que antes era tecido junto, sendo este o sentido para o termo *complexo*. Só a partir da apreensão da realidade pela complexidade é que se tem subsídios para buscar as soluções necessárias para os problemas enfrentados diariamente. Morin enfatiza que, atualmente, os problemas são globais e, portanto, são necessárias respostas globais e complexas (interligadas) (Morin, 2006; Morin; Almeida; Carvalho, 2005).

Tanto Hernández e Ventura quanto Morin afirmam que o ensino precisa priorizar a comunicação entre as diferentes áreas do conhecimento. Isso de certa forma ocorre, mas não com tanta frequência, nos anos iniciais do ensino fundamental, quando o número de professores responsáveis pelas turmas é reduzido – geralmente, há o professor regente e mais um ou dois docentes especializados. Nos anos finais, ainda permanece o desafio. Pela formação especializada dos professores em uma área do conhecimento, pelo currículo multidisciplinar e pelas poucas condições de realizar um trabalho conjunto com o corpo docente, a fragmentação entre disciplinas de uma mesma série/ano ainda se sobrepõe. Embora professores de disciplinas diferentes trabalhem com alguns conceitos comuns, estes são tratados de forma fragmentada, sem relação entre eles, dificultando o entendimento dos alunos e acentuando apenas a sua capacidade de memorização mecânica.

Por isso, trabalhar com projetos dá maior dinamicidade ao currículo e possibilita maior integração entre as áreas do conhecimento, propiciando aos alunos a oportunidade de desenvolver o pensamento de forma ampla, globalizada[d] e crítica, com a função de:

> *favorecer a criação de estratégias de organização dos conhecimentos escolares em relação a: 1) o tratamento da informação, e 2) a relação entre os diferentes conteúdos em torno de problemas ou hipóteses que facilitem aos alunos a construção de seus conhecimentos, a transformação da informação procedente dos diferentes saberes disciplinares em conhecimento próprio.* (HERNÁNDEZ; VENTURA, 2007, P. 61)

Isso significa que os princípios da pesquisa se fazem presentes nessa forma de organizar o ensino, pressupondo

---

d. Aqui o termo relaciona-se com a visão globalizadora própria da área educativa, definida pela "maneira de organizar os conteúdos a partir de uma concepção de ensino no qual o objeto fundamental de estudo para os alunos seja o conhecimento e a intervenção na realidade", opondo-se à fragmentação dos conteúdos escolares (Zabala, 2002).

a ação do educando sobre o objeto do conhecimento, além de tornar o aluno um aliado do professor na construção de novas aprendizagens. Supera-se, assim, o aluno passivo, mero receptor de conteúdos, e o professor despejador de conteúdos do modelo diretivo (tradicional), bem como o espontaneísmo do aluno e a fraca interferência do professor próprios do modelo não diretivo.

O professor tem um papel fundamental nos projetos: problematizar as situações, instalar os conflitos cognitivos e, como propõe Vygotsky, atuar na zona de desenvolvimento proximal dos alunos. Essa zona vem a ser a distância entre o que o aluno hoje não consegue fazer sozinho, necessitando ainda da ajuda do outro (tanto do professor quanto dos demais alunos), e o que futuramente pode vir a fazer por si mesmo (Vigotsky, citado por Rego, 2004). Além disso, nos projetos, a responsabilidade é compartilhada entre professor e alunos: todos participam ativamente, desde a elaboração até o desenvolvimento e a avaliação, todos têm suas tarefas na construção do projeto.

O projeto pode ter origem na curiosidade sobre um tema, um problema, um conjunto de perguntas relacionadas ou outra situação, definindo o fio condutor que orientará o estudo a ser realizado. Pode surgir de uma conversa, de uma notícia lida em jornal, de um material trazido por algum aluno. Não há uma maneira única de começar um projeto. O importante é definir, no grupo, o que se sabe, o que se quer aprender, como e para que aprender, analisando as possibilidades do estudo, as fontes de informações disponíveis e as atividades que podem ser realizadas. Esse trabalho inicial é denominado por Hernández e Ventura (2007) de *índice*.

Depois de elaborado o índice da turma (plano de trabalho a ser realizado pelo grupo), iniciam-se as atividades docentes e discentes de busca por informações, tratamento das informações obtidas (atividades de estudo propriamente ditas), recapitulações e avaliação do processo e das aprendizagens e, por fim, a elaboração do dossiê, uma espécie de relatório sobre o caminho percorrido e as aprendizagens realizadas pelo grupo e individualmente. O final de um projeto pode indicar, ou não, perspectivas para a elaboração de um novo projeto.

O trabalho com os interesses, as curiosidades e os problemas da realidade dos alunos, um dos princípios básicos do trabalho com projetos, pode levar à interpretação equivocada de que os conteúdos são postos em segundo plano, perdendo-se tempo no desenvolvimento do currículo previsto para a turma. Na realidade, o professor segue trabalhando com os conteúdos previstos no currículo formal da escola, mas prioriza aqueles que mais contribuem para solucionar o problema em foco, não seguindo o tempo linear previsto inicialmente e rompendo com a divisão fixa de conteúdos por bimestre ou trimestre.

A concepção construtivista de educação[e] tem enfatizado o paradigma da aprendizagem significativa, outro princípio dos projetos, em oposição à aprendizagem mecânica, própria do modelo diretivo, em que a memorização dos conteúdos dura, quando muito, até o momento de devolvê-los ao professor nos testes e provas aplicados.

Sob o postulado da aprendizagem significativa (Coll et al., 2003), aprender não está relacionado ao acúmulo de saberes, mas depende de conhecimentos prévios, ou seja, a bagagem da estrutura cognoscitiva própria do aluno sobre a qual se construirão novas aprendizagens. A memorização não deixa de ser requerida, mas, de mecânica ou

---

e. Para saber mais sobre o construtivismo, consulte Coll et al. (2003).

repetitiva, passa a ser compreensiva, permitindo ao aluno estabelecer relações entre o que já sabe e o que está aprendendo, conectar as novas aprendizagens às aprendizagens anteriores e ampliá-las. O aluno não esquece ou perde conhecimentos, mas, ao contrário, vai enriquecendo-os e mobilizando-os a cada nova aprendizagem.

Trabalhar com projetos exige muita reflexão sobre a ação pedagógica e não há uma receita de como fazê-lo. É também uma construção da docência pelo professor e da discência pelo aluno. É fazendo projetos que se aprende a ensinar e a aprender com prazer e sentido.

Professor pesquisador

O professor pesquisador, conforme estamos preconizando, é aquele que traduz no fazer pedagógico diário o ensino como pesquisa. É aquele que, em sala de aula, promove um clima de dúvidas, instala desafios cognitivos, proporciona discussões e a defesa de diferentes pontos de vista, mas é também aquele que estuda o conteúdo e a melhor forma de fazer tais intervenções.

O acesso às informações hoje não é problema para grande parte da população: a TV e a internet nos abastecem diariamente com dezenas delas. Mas o que fazer com tanta informação? A resposta é trabalhá-las, discuti-las e analisá-las, função que pode ser cumprida pela escola, pois é um espaço de interação e mediação entre professores e alunos, contribuindo para a superação do senso comum. O papel do professor nessa interlocução com seus alunos é essencial do ponto de vista da pesquisa como atitude cotidiana em seu fazer pedagógico. "Quem pesquisa teria o que transmitir. Quem não pesquisa, sequer para transmitir serve, pois não vai além da cópia da cópia, reduzindo os alunos, inapelavelmente, a meras cópias, objetos de aprendizagem subalterna" (Demo, 2004, p. 34).

O professor pesquisador precisa estar próximo de seus alunos, mostrar que pesquisar é buscar novos horizontes, é aprender com alegria e prazer. Mas também precisa ensinar a pesquisar, ou seja, evitar a prática espontaneísta de solicitar um trabalho sem dar dicas para que, com um pouco de autonomia, o aluno possa ir se encontrando em sua trajetória, sobretudo se estiver trabalhando com crianças dos anos iniciais do ensino fundamental, que necessitam de maior apoio e acompanhamento, por estarem ainda em processo de consolidação da alfabetização (nas diferentes linguagens). Para tanto, o professor pode, por exemplo, consultar previamente a biblioteca ou *sites* da internet para saber se há materiais e informações disponíveis, convidar pessoas e/ou profissionais da comunidade para serem entrevistados pelos alunos, agendar visitas a instituições e locais da cidade que possam colaborar para o estudo, entre outros.

Aluno pesquisador

Em decorrência do ensino como pesquisa, do trabalho realizado em sala de aula pelo professor pesquisador, tem-se como resultado a formação de um aluno capaz de construir conhecimentos, e não um mero receptor ou reprodutor passivo do conhecimento escolar.

Apresentaremos, a seguir, algumas dicas formuladas por Demo (2005) que podem ajudar as escolas de ensino fundamental a formar alunos mais críticos e construtores de seu conhecimento, porque parceiros do professor na aventura de conhecer o mundo que os rodeia por meio da pesquisa:

- promover um clima favorável à participação, integração, comunicação e trabalho coletivo, tanto na escola quanto em cada sala de aula;

- romper com a postura autoritária do professor, que deve deixar de ser considerado o único detentor do conhecimento e estabelecer uma relação mais próxima com seus alunos, sem perder a autoridade necessária;
- reorganizar o espaço físico da sala, para permitir maior contato entre o grupo e possibilitar atividades em conjunto;
- proporcionar atividades ora coletivas, ora individuais, desenvolvendo diferentes valores e atitudes nos alunos (ética, solidariedade, iniciativa pessoal, argumentação etc.);
- indicar ao aluno como ele pode pesquisar, auxiliando-o na busca por fontes de informação;
- intervir no processo de leitura, interpretação, compreensão e elaboração dos alunos, evitando as cópias e desenvolvendo a criação e reconstrução de conhecimentos prévios;
- usar estratégias didáticas variadas e de interesse dos alunos que impliquem ação, e não cópia, como atividades lúdicas (gincanas, jogos, feiras), leitura na biblioteca de obras diversificadas e atualizadas, atividades com equipamentos eletrônicos (linguagem diferente da escrita e da linguagem oral, de uso frequente), acompanhamento familiar das atividades em casa e uso racional do tempo.

Finalizando essa seção, resta lembrar que o professor é, de certa forma, um modelo a ser copiado por seus alunos, e o exemplo de suas ações é mais forte do que suas palavras em muitos casos. Portanto, se queremos alunos do ensino fundamental críticos, participativos e questionadores de sua realidade, precisamos também, como professores, darmos exemplos positivos e adotarmos essa mesma postura. Se quisermos um aluno pesquisador, teremos de ser professores pesquisadores.

(.)
Ponto final

Se a pesquisa no ensino fundamental ainda não foi incorporada ao trabalho pedagógico ou se apresenta como atividade de professores de alguma disciplina específica, não podemos atribuir a culpa exclusivamente às escolas ou aos educadores. Isso é fruto de um contexto que privilegia a educação bancária[f] e a pesquisa realizada por especialistas em gabinetes e laboratórios, em áreas que podem gerar mais lucros ao capital. A educação e as ciências sociais não estão entre as prioridades nacionais. Prova disso são os recursos cada vez mais escassos destinados à pesquisa pelos organismos de fomento, que privilegiam as áreas de tecnologia e informática.

Se quisermos superar essa realidade, é importante insistirmos no ensino como pesquisa e na formação do aluno pesquisador no ensino fundamental, tarefa nada fácil, mas que pode gerar bons frutos se a escola se envolver num trabalho coletivo, construindo seu próprio caminho com base na leitura da sua realidade.

---

f. Termo cunhado por Paulo Freire para o modelo tradicional de educação. O autor comparava a relação entre professor e aluno com a relação entre bancário e cliente: o professor "deposita" um conhecimento no aluno, que o "devolve" ao professor nas avaliações formais (provas finais) (Freire, 2004).

Atividade

Leia cada afirmação a seguir com atenção e marque (V) se ela for verdadeira e (F) se for falsa. Se considerar a afirmação falsa, justifique sua resposta:

a. ( ) A pesquisa presente nas escolas de ensino fundamental ainda está mais associada à consulta e à cópia de textos prontos do que à construção de ideias.

b. ( ) Só a partir do 5º ou 6º ano do ensino fundamental, os alunos têm condições de ampliar seus conhecimentos científicos com a realização de investigações.

c. ( ) Para formar o aluno pesquisador, crítico e curioso, o professor precisa se preocupar apenas em desenvolver todos os conteúdos previstos oficialmente para a turma naquele ano escolar.

d. ( ) O enfoque da pesquisa no ensino fundamental está presente na criação de projetos com base em situações e problemas levantados pela turma.

e. ( ) Acrescentar uma disciplina própria para a pesquisa no currículo do ensino fundamental garantirá a formação de alunos pesquisadores.

(**6**)

Os tempos e os espaços
no ensino fundamental*

*Neste capítulo, constam trechos extraídos da tese de doutorado da autora e de artigo publicado na "Revista de Estudios y Experiencias en Educación" (Oyarzabal, 2006, 2007).

Graziela Macuglia Oyarzabal

Historicamente, o tempo e o espaço têm sido duas variáveis consideradas secundárias na organização do trabalho pedagógico realizado nas escolas de ensino fundamental. Desde a criação da escola moderna, no século XVII, tem sido hegemônico o modelo padronizado de formação de turmas de acordo com a faixa etária ou a capacidade dos alunos e da divisão do currículo em disciplinas com horários específicos, tendo como referência a sala de aula.

Pensar outros tempos e outros espaços para a escola de ensino fundamental tem sido um desafio inerente ao processo de mudança reivindicado na atualidade, pois se lançar ao novo e ao diferente implica abandonar o comodismo e interagir com as incertezas. Problematizar o tempo e o espaço próprios da escola atual é o foco deste capítulo.

(6.1)
Pensando sobre o tempo e o espaço

Um dos sentidos dicionarizados para *tempo* é a "medida de duração dos fenômenos" (Houaiss; Villar, 2001, p. 427) e, para espaço, a "distância entre dois pontos; período ou intervalo de tempo" (Houaiss; Villar, 2001, p. 177). Como podemos observar, são dois conceitos associados, um imbricado no outro.

Atualmente, é comum se comentar que o tempo passa rápido demais, que se precisaria de mais 24 horas para se dar conta das atividades diárias previstas. Esse modo de dizer nos leva a refletir além do tempo físico, próprio da ciência e marcado sem desvios em nossos relógios. Leva-nos a considerar também o tempo psicológico, o tempo histórico e o tempo real. Enfim, poderíamos elencar uma série de outros tempos com os quais convivemos, mas nem sempre conseguimos distingui-los conceitualmente.

Quanto à relatividade do tempo, é interessante citarmos uma fala de Izquierdo, médico e professor na área de neurociências: "os aparelhos de medição do tempo dirão uma coisa, porém nossa alegria, nosso pesar e nossa vontade determinam que um minuto de tristeza ou de mal-estar pareça eterno e que um minuto de alegria pareça *ínfimo*.

Os relógios ignoram isso. Nossa mente não" (Izquierdo, 2007, p. 22). Isso é o que Izquierdo chama de *tempo psicológico*, uma noção de tempo que varia conforme nossas percepções e ações, confundindo-se muitas vezes com o tempo real (físico).

É ou não verdade que já vivenciamos situações assim? Quem não se lembra de como uma atividade enfadonha exigida por um professor aborrecido faz o tempo se arrastar indefinidamente, de como o relógio teima em não andar nessa situação? Ou de como passa num piscar de olhos uma aula sobre um tema interessante construída, junto com os alunos, por um professor animado que domina bem a matéria, sabe dar exemplos e cativa a turma?

Pensar sobre o tempo é um grande desafio. É uma categoria que não dominamos. Não podemos precisar a duração das situações (apenas fazer estimativas), assim como não podemos determinar nosso tempo de vida. Não menos intrigante é a tentativa de definir o espaço, pois não está relacionado apenas com o aspecto físico, no sentido de tratar dos elementos que ocupam um espaço, mas também com ações e vivências, como um "espaço de vida, no qual a vida acontece e se desenvolve" (Battini, citado por Iglesias Forneiro, 2007, p. 231).

Você se lembra do seu primeiro dia na escola? Como foi a sua relação com o espaço físico e o espaço de vida? Não lhe pareceu a escola uma imensidão desconhecida? Não se sentiu mais seguro em algum local específico da escola? Onde você sentia mais a vida pulsar no seu tempo de estudante no ensino fundamental? Já parou para pensar por que muitas crianças, na escola de ensino fundamental, preferem o tempo e o espaço do recreio ao tempo e espaço da sala de aula, ou vice-versa? Acreditamos que um indício para a resposta a essa pergunta está ligado ao sentimento de vida, presente ou não, nesses tempos e espaços. Onde pulsa vida é onde nos sentimos melhor e mais provocados a aprender.

Hoje, a internet, fruto da expansão tecnológica, nos dá a possibilidade de interagirmos em tempo real com pessoas de outras cidades, estados, países e continentes. Podemos percorrer o mundo, ter contato com diversas culturas e povos, sem sairmos de nossa casa, por meio de nosso computador e da rede de comunicações. É essa possibilidade que nos faz questionar sobre nossos conceitos acerca do tempo e do espaço vivido por nós.

(6.2)
A escola e sua relação com o tempo e o espaço

Uma das características da escola brasileira é a fragmentação do tempo, perceptível na organização de um currículo que distancia os conhecimentos trabalhados em cada disciplina e da formação das turmas por idade. Sair desse esquema representa uma certa subversão à ordem. Poucos são os professores e os estabelecimentos escolares que ousam tomar tal atitude. Por que isso acontece? Em parte, porque a escola representa uma instituição dotada de racionalidade e, compatível com esse princípio, precisa controlar as ações que nela se realizam. E o meio mais eficaz encontra-se no controle do tempo e do espaço, tanto dos professores quanto dos alunos.

Como nos diz Carbonell Sebarroja (2002), existem regras necessárias a um bom funcionamento institucional da escola.

A legislação educacional é um desses instrumentos, pois a "principal preocupação da administração no exercício de seu poder é manter a ordem e a paz escolar e evitar o conflito a qualquer preço" (Carbonell Sebarroja, 2002, p. 87). Entretanto, o referido autor também pondera que é preciso transgredir essas normas, muitas vezes impostas arbitrariamente, e alterá-las em favor das inovações que se buscam no contexto escolar, abandonando o modelo tradicional de educação que herdamos e que já não se apresenta mais capaz de atender às necessidades educacionais do século XXI. Mais uma vez, frisamos que, embora no interior da escola, o VELHO se faça presente, é possível buscar o NOVO, construindo novas normas que atendam às especificidades e crenças do coletivo que ali se faz presente e atuante.

Vários autores mostram que alguns traços da escola são semelhantes aos de outras instituições de nossa sociedade, principalmente quanto à sua racionalidade e seus meios de controle. Podemos citar como exemplo Foucault (2006), que, ao investigar a estrutura física e os equipamentos das prisões, mostrou formas de governar a conduta dos indivíduos e grupos por meio da invisibilidade pelas tecnologias do "eu". Nesse sentido, a escola também se torna uma espécie de prisão, onde as ações de professores e alunos são reguladas pelo poder disciplinar, este exercido sob a invisibilidade, ao induzir o sujeito à autorregulação.

Foucault aborda o conceito de invisibilidade analisando a arquitetura panóptica[a] das prisões, também presente em outras instituições. As prisões, em geral, têm uma torre de observação no pátio central; os detentos não têm certeza

---

a. *Panóptico* é um termo utilizado para designar um centro penitenciário ideal, desenhado pelo filósofo Jeremy Bentham em 1791 (Foucault, 2006).

se estão sendo observados ou não, produzindo o efeito de "induzir no detento um estado consciente e permanente de visibilidade que assegure o funcionamento automático do poder" (Foucault, 2006). Na escola, igualmente se faz presente o autodisciplinamento, "pelo qual os estudantes devem conservar a si e aos outros sob controle" (Gore, 2002, p. 14). Essas práticas são chamadas por Foucault de *tecnologias do eu*, que agem diretamente sobre o nosso corpo e são exemplificados, na sala de aula, pelo levantar a mão para pedir a palavra, olhar o professor quando este explica a matéria, não conversar durante a realização de provas etc.

Na mesma linha de pensamento, Veiga-Neto (2001) assevera que as técnicas do poder disciplinador operam num espaço e tempo determinados no contexto escolar. Quanto à organização do espaço, pode-se dizer que há uma relação direta com a proposta pedagógica da escola. Propostas mais tradicionais levam a uma organização espacial mais rígida, fragmentada e continente. Já uma proposta mais relacional, por exemplo, explora construções mais alternativas.

A pesquisa de Rocha, apresentada por Veiga-Neto (2001), analisa a relação entre a organização espacial e a proposta pedagógica em três escolas no município de Porto Alegre, Rio Grande do Sul. Como exemplo de uma relação de maior isolamento, cita o Colégio Militar de Porto Alegre. Já a Escola Municipal Jean Piaget é apresentada como um exemplo de maior abertura e transparência, por seu projeto arquitetônico inovador, que segue os princípios do construtivismo[b]. Há, por exemplo, no interior dos

---

[b]. O construtivismo é uma teoria epistemológica (e não educacional) que estuda como se dá o conhecimento no sujeito, partindo da psicologia. É um instrumento que pode ajudar o professor a entender como o seu aluno aprende e, com base nisso, pensar em meios didáticos para favorecer sua aprendizagem (Carbonell Sebarroja et al., 2003; Franco, 2000; Becker, 2001).

blocos (cada um dos prédios que formam a escola) uma área vazada (aberta) de formato circular entre o térreo e o segundo andar. Isso possibilita que, no térreo, sejam feitas apresentações por grupos de alunos e os demais se distribuam ao redor dessa área vazada para assistir a elas. A entrada de cada uma das salas de aula está voltada para essa área. Encontramos, neste exemplo, o princípio da interação entre alunos de diferentes turmas por meio do compartilhamento de suas produções.

Para facilitar a manutenção do poder nas relações escolares e atingir a todos igualmente, os corpos não podem estar dispersos. Por isso, formam-se turmas em espaços mais contidos: a sala de aula. Quando um professor se dirige a um aluno, em sala de aula, tende a atingir todo o grupo, mesmo que não intencionalmente.

Sobre a organização do tempo, o controle está presente nas diversas formas de fragmentação encontrados na escola: a divisão do ano escolar em séries, anos ou ciclos, estabelecendo sempre uma sequência a ser percorrida; o desenvolvimento dos programas por trimestre, bimestre, mês, semana; o parcelamento das aulas em disciplinas, com horários observados cuidadosa e diariamente.

Pelo discorrido até o momento, podemos inferir que a institucionalização da educação, sob a forma escolar, tende a agir sobre o sujeito, na figura do aluno, disciplinando seus corpos pela maneira como o tempo e o espaço são organizados. Por que o aluno precisa ficar sentado cerca de quatro horas diárias em sala de aula? Por que um aluno não pode conversar com o seu colega durante a realização de uma atividade? Essas e outras questões similares nos levam a refletir sobre a artificialidade presente no cotidiano da sala de aula do ensino fundamental e sobre a ruptura com os espaços e tempos próprios da educação infantil. Acreditamos que esse é um problema que deve ser objeto de reflexão tanto nas escolas de educação infantil quanto nas de ensino fundamental.

Com a nova Lei de Diretrizes e Bases da Educação Nacional – LDBEN/1996 (Brasil, 1996), a educação infantil passou a ter como concepção a associação entre as práticas de cuidar e educar. Essa é uma grande conquista, pois supera as práticas de assistencialismo e de alfabetização precoce presentes em grande parte das creches e pré-escolas. Também nesse contexto impulsionado pela legislação, a educação infantil, responsável pelo atendimento das crianças de 0 a 5 anos, passou a ser a primeira etapa da educação básica, sendo, assim, integrada aos sistemas de ensino (antes estava ligada à secretaria da saúde ou de assistência social, por exemplo). Uma das preocupações da proposta pedagógica nas escolas da educação infantil é justamente proporcionar espaços e tempos condizentes com o desenvolvimento integral da criança e próprios da infância, acentuando o lúdico e o faz de conta como elementos essenciais nesse processo.

Discute-se, também, quem é o sujeito dessa educação, defendendo-se a tese de que é a criança, e não o aluno. Entende-se que pensar em "aluno" na educação infantil é antecipar o processo de escolarização associado ao ensino fundamental, com espaços e tempos mais rígidos. Uma das grandes conquistas da educação infantil tem sido proporcionar um trabalho diferenciado e próprio às infâncias que temos hoje, com múltiplos espaços (dentro e fora das salas), organizados, mas não padronizados, onde o lúdico se faz presente, possibilitando que a criança, ao brincar, descubra o mundo que a cerca. Da mesma forma, os tempos são também mais flexíveis, contemplando o inusitado e o imprevisto.

Por que, então, transformar a passagem para o ensino fundamental em uma ruptura desse desenvolvimento? A criança deixará de ser criança? Deixará de necessitar do concreto, do lúdico, das experiências diversificadas? Como será que se sente a criança que, na pré-escola, movimentava-se livremente e, no primeiro ano do ensino fundamental, precisa ficar quieta em sua cadeira? E a criança que, na educação infantil, podia expressar-se graficamente em diferentes suportes (papel *kraft*, folhas tamanho A3, paredes e muros, caixa de areia etc.) e agora só tem um caderno com linhas que limitam seus movimentos? Ou então a criança pressionada pelo fato de que, até novembro, precisa aprender tudo, senão no ano seguinte repetirá o mesmo trabalho?

Questões pertinentes à infância, às formas de expressão, aos tempos e aos espaços, à avaliação e a tantos outros temas precisam ser pensados no ensino fundamental tendo como eixo a criança e o seu processo de desenvolvimento, evitando-se a ruptura com a educação infantil. A articulação entre a educação infantil e o ensino fundamental se faz necessária, não para antecipar e preparar o ingresso na escolarização, mas sim para compartilhar atividades mais significativas, relacionadas com seu entorno social e cultural no presente.

A fim de buscar um enfoque mais didático, discutiremos a seguir tempo e espaço de forma separada, embora em alguns momentos tenhamos de nos referir aos dois simultaneamente.

(6.3)

Inovando o tempo

Nas escolas de ensino fundamental, o tempo é fragmentado: o ano letivo, o mês, a semana, o dia, a aula de cada disciplina, o recreio etc. Todos esses tempos são organizados conforme prevê o currículo de cada escola.

A nova LDBEN/1996 concedeu maior autonomia e flexibilidade às escolas para organizarem seu currículo. Conforme seu art. 23, a educação básica poderá ser organizada de várias formas: séries anuais, períodos semestrais, ciclos, alternância regular de períodos de estudos, grupos não seriados ou outra forma pedagogicamente recomendada.

Assim, oficialmente, há ampla possibilidade para as escolas pensarem e repensarem a sua organização curricular, se o trabalho que vem desenvolvendo está adequado ou se pode ser inserida alguma inovação. Sabemos que, muitas vezes, a inovação não é bem aceita na escola. Pode ser encarada apenas como um modismo, algo sem fundamentação e que provavelmente terá vida breve. Para não ficar atrás de outras escolas, implementa-se algo diferente e acompanha-se o movimento geral. Entretanto, quando falamos em inovação, estamos nos referindo a mudanças profundas no trabalho da escola, resultantes da reflexão com base nas necessidades e expectativas da comunidade.

Só para ilustrarmos como o termo *inovação* muitas vezes é confundido com *modismo*, podemos citar a introdução do construtivismo na escola na década de 1990. Em muitos casos, o construtivismo servia apenas como *marketing* para a escola ou como forma de o professor intitular o seu trabalho, mas a prática ainda estava vinculada ao modelo pedagógico diretivo ou não diretivo, demonstrando, até mesmo, falta de conhecimento sobre o assunto.

Entre os alvos possíveis de inovação na escola, a partir do eixo da flexibilidade presente na LDBEN/1996, pode-se incluir a reorganização dos seus espaços e tempos. Sobre esse tema, Carbonell Sebarroja (2002, p. 88) nos inspira, ao mencionar que "as pedagogias inovadoras [...] tratam de construir e adaptar o espaço – tarefa na qual se busca a participação dos alunos – com critérios flexíveis que facilitem a comunicação, o trabalho cooperativo e a investigação".

Uma proposta de reorganização dos tempos escolares no ensino fundamental tem sido o ensino por ciclos, o qual pode ser adotado tanto por uma escola quanto por toda uma rede de ensino. Apresentaremos, a seguir, uma breve caracterização da proposta chamada de *Ciclos de Formação*, implementada desde 1995 na Rede Municipal de Ensino de Porto Alegre, com o intuito de mostrar uma proposta concreta, embora sem aprofundar a análise crítica sobre seus desdobramentos.[c] O projeto iniciou-se em uma escola da rede e, atualmente, abrange toda ela (45 escolas de ensino fundamental).

A origem do projeto político-pedagógico dos Ciclos de Formação está associada ao processo da Constituinte Escolar, desenvolvida pela Secretaria Municipal de Educação (SMED) em 1994, em conjunto com a comunidade, quando da realização do Congresso da Cidade. Esse evento contou com a participação de pais, alunos, funcionários e professores de todas as escolas municipais, tendo como questão norteadora *A escola que temos e a escola que*

---

c. Para aprofundar-se nesse assunto, consulte Oyarzabal (2006).

queremos. O currículo, a avaliação, os princípios de convivência e a gestão democrática foram os aspectos centrais na reflexão realizada, e o objetivo da proposta dos Ciclos de Formação era combater a reprovação e a evasão, além de promover uma maior aproximação das pessoas com a escola, que passaria a ter uma gestão participativa.

Tal proposta fundamentava-se no postulado da inserção social e escolar, pois todas as escolas da rede estão localizadas na periferia da cidade de Porto Alegre e, portanto, são frequentadas por alunos das classes populares. É notório que as crianças e jovens que mais fracassam na escola são os pertencentes a essas classes. Dessa forma, procurando reverter as perversas situações que eles vivenciavam cotidianamente, de fracasso escolar, de exclusão, de defasagem idade/série, entre outras, optou-se pela organização por ciclos.

Nos Ciclos de Formação, a lógica é a do sucesso e não a do fracasso escolar. Garantir a aprendizagem de todos os alunos, respeitando seus ritmos, seus tempos, suas experiências e as características de sua faixa etária, é o que essa proposta prioriza. "Pensamos que a escola pode ser vivida como um tempo pleno de possibilidades no qual a vida flua, e os processos de aprendizagem e socialização aconteçam para todos" (Moll, 2004, p. 101).

Nos Ciclos de Formação, parte-se da ideia de que todos podem aprender. Entretanto, para se alcançar a aprendizagem de todos, tornou-se necessário inverter a lógica da escola seriada e estabelecer como prioridade a compreensão das fases da vida do aluno e o respeito aos seus conhecimentos prévios, aproximando a realidade escolar do cotidiano da comunidade. Para isso, foram propostos três ciclos de três anos cada, conforme as fases de desenvolvimento dos alunos, como visualizamos no Quadro 6.1.

Quadro 6.1 – Distribuição das turmas nos ciclos

Ciclo	Idade	Turmas	
Primeiro Infância	6	1º ano – A10	Progressão – AP
	7	2º ano – A20	
	8	3º ano – A30	
Segundo Pré-adolescência	9	1º ano – B10	Progressão – BP
	10	2º ano – B20	
	11	3º ano – B30	
Terceiro Adolescência	12	1º ano – C10	Progressão – CP
	13	2º ano – C20	
	14	3º ano – C30	

A estruturação curricular por ciclos corresponde à intenção de rever a obrigatoriedade de que o aluno aprenda no tempo determinado de um ano civil. A justificativa para tal organização é a de que:

> Essa maneira de estruturação curricular promove um continuum no processo de ensino-aprendizagem pelo qual passam os educandos, o planejamento e a prática pedagógica dos educadores, isto é, o conjunto da prática escolar. Assim, os Ciclos de Formação contribuem para que sejam respeitados o ritmo, o tempo e as experiências de cada educando, facilitando a organização coletiva e interdisciplinar da escola. (Porto Alegre, 1996, p. 10-11, grifo do original)

Cada ciclo é composto por um conjunto de princípios e conhecimentos que estruturam o trabalho pedagógico como uma etapa que se relaciona com a seguinte, pensando-se na globalidade que seria contemplada ao serem concluídos os três ciclos do ensino fundamental.

Como o agrupamento das turmas nos anos-ciclos se faz pela idade dos alunos, são organizadas, para aqueles que apresentam alguma defasagem quanto à escolaridade prevista para sua faixa etária, turmas de progressão (TP) em cada ciclo, que se caracterizam pelo desenvolvimento de um trabalho diferenciado, buscando a superação das dificuldades e lacunas dos educandos, e constituem-se como turmas paralelas ao ciclo. Por apresentarem uma organização de tempo/ano diferente da do ano-ciclo, os alunos podem avançar para outra turma de progressão ou ano-ciclo em qualquer época do ano, dependendo da avaliação feita pela escola e da sua faixa etária, mas só podem permanecer nas TPs por até dois anos, no máximo.

Outros meios previstos na proposta dos Ciclos de Formação, complementando o trabalho do professor com aqueles alunos que apresentam dificuldades, são os laboratórios de aprendizagem (LA) e as salas de integração e recursos (SIR). Os alunos encaminhados aos LA são atendidos no contraturno. Nas SIR, realiza-se um trabalho mais qualificado de educação inclusiva e há salas regionais com profissionais formados especificamente para atender alunos com necessidades educativas especiais de todas as escolas municipais (Porto Alegre, 2000).

Posteriormente, novas experiências foram ocorrendo em outras escolas da rede, à medida que se ampliava a abrangência da proposta por ciclos. Hoje, todas são cicladas, mas nem todas funcionam da mesma forma e, igualmente, não apresentam os mesmos resultados em relação à aprendizagem dos alunos. O processo ainda está em construção e em avaliação.

Outro tempo que tem sido repensado na escola é o das aulas diárias formadas por períodos. Uma proposta que vem sendo adotada é a dos blocos, a qual prevê que se trabalhe diariamente com menos disciplinas, dedicando a cada uma delas maior número de horas. Por exemplo: em vez de 6 a 8 períodos de 50 minutos cada, podem-se formar 3 ou 4 blocos de 90 ou 120 minutos. Assim, haveria mais tempo para aprofundar o tema em estudo e desenvolver um trabalho mais investigativo, interativo e interessante (Yus, 2004).

Além disso, também podem ser propostas mudanças na jornada do professor, que deixaria de ser atrelada à do aluno, dando-se prioridade a atividades de suma importância, como realização de reuniões, planejamento, estudo, e outras tão necessárias quanto o ensino em sala de aula. Em função do excesso de carga horária do professor, que acarreta doenças e afastamentos, rever as atividades docentes e o tempo necessário para sua realização é um componente essencial na tarefa de repensar os tempos escolares.

Em termos curriculares, a alteração nos tempos pode levar a um trabalho mais interdisciplinar se houver uma reorganização tanto da jornada dos professores quanto das aulas, fugindo dos tradicionais períodos por disciplina. Pode-se até mesmo rever a quantidade de turmas com que cada professor trabalha, pois, se ele tiver menos turmas, poderá permanecer mais tempo com os mesmos grupos de alunos e, com isso, desenvolver um trabalho mais próximo com os educandos.

A mudança também pode se estender à organização do calendário escolar. A proposta seria diferenciá-lo para cada escola ou rede, atendendo às características econômicas e climáticas da região, por exemplo, conforme orientação já existente do art. 23, parágrafo 2º, da LDBEN/1996.

Quanto à jornada diária do aluno, a LDBEN/1996 estabelece o mínimo de quatro horas. Entretanto, já vimos que a intenção é ampliá-la para período integral. Há escolas que já possuem jornadas com mais de quatro horas diárias. É necessário salientarmos que o aumento da jornada não pode vir desacompanhado de uma reflexão sobre a qualidade das atividades propostas, ou seja, essa pode ser a oportunidade de implementar experiências mais significativas para os corpos discente e docente, como a realização de projetos culturais mais amplos.

Além dos tempos vistos até aqui, há ainda que se considerar os tempos de aprendizagem dos alunos. Como cada um deles tem seu próprio ritmo, impor uma rotina padronizada e temporalmente estável pode acarretar problemas ao rendimento de parte da turma. À escola cabe, dentro de suas possibilidades, mexer nessa estabilidade e adequar o tempo individual ao tempo coletivo, flexibilizando o tempo escolar, sem se esquecer do tempo livre, igualmente relevante (Soto Gómez, 2004).

(6.4)
Inovando o espaço

Fisicamente, a escola é organizada considerando-se seus espaços internos e externos, que podem variar de acordo com a proposta pedagógica em curso. Muitas vezes, não percebemos isso, mas a arquitetura dos prédios influencia no trabalho realizado pelos professores, pois determina a diferente distribuição dos corpos e, consequentemente, o maior ou menor movimento dos alunos. Além disso, as atividades propostas pelos professores podem variar de acordo com os espaços disponíveis na instituição.

Quanto ao espaço externo, podemos refletir sobre a importância de a escola estar vinculada a outros espaços públicos, aprofundando e complementando o trabalho desenvolvido em sala de aula. Além de enriquecer culturalmente os alunos, a visita a outros espaços públicos amplia as possibilidades de relacionar os conteúdos escolares à realidade e vivência dos alunos.

Consideramos importante também usar os diferentes espaços oferecidos pela escola com o intuito de variar as atividades propostas em sala de aula. Por exemplo: o uso de laboratórios, biblioteca, brinquedoteca, praça e quadra esportiva etc. pode favorecer outra vivência dos alunos, corporal e cognitivamente falando, com o objeto de conhecimento. Para a criança, sobretudo nos anos iniciais, torna-se maçante ficar sentada durante quatro horas diariamente, quando o uso de espaços mais amplos que a sala de aula pode proporcionar até mesmo o desenvolvimento de seu domínio corporal.

Quanto à sala de aula, sabemos que nem sempre o seu tamanho é adequado ao número de crianças, o que impede a modificação do seu arranjo de acordo com as atividades propostas. De qualquer modo, é preciso cuidar para não exagerar nos estímulos visuais, como cartazes, mobiliário e cor da pintura, carregando e poluindo o espaço. É preciso ter bom senso nessas escolhas, como também observar o tempo de permanência dos alunos nas atividades realizadas, que, preferencialmente, devem ter duração provisória e rotativa, quando relacionadas aos temas em estudo naquele momento.

A organização espacial da sala de aula pode refletir o modelo pedagógico que sustenta a ação dos professores e da escola. Por exemplo: uma sala em que as carteiras são distribuídas em fileira, uma atrás da outra, faz com que cada aluno tenha como referência o professor, que normalmente fica à frente de todo o grupo. A interação, nesse arranjo, se dá mais entre professor e cada aluno individualmente. Já numa organização das carteiras em círculo ou semicírculo, os alunos podem visualizar os demais colegas, facilitando a interação entre todo o grupo e tornando o trabalho menos centrado no professor.

Sobre o mobiliário, temos observado que a autonomia dos alunos em relação ao uso do espaço em sala de aula, tão defendida na educação infantil (incluindo a adequação do mobiliário à altura da criança para o livre acesso aos materiais, sem necessitar da interferência do educador), quase não existe no ensino fundamental. O mais comum é encontrarmos salas que priorizam a organização tradicional: distribuição das carteiras em fileira, presença do quadro-negro e de um armário de acesso único pelo professor. Ou seja, o aluno não pode escolher e acessar os materiais de forma autônoma.

Sabemos que isso, muitas vezes, deve-se ao compartilhamento da sala com turmas de outros anos nos demais turnos. Mas cada série necessita de recursos diferenciados e em quantidade adequada ao grupo. Assim, seria importante a organização de espaços móveis provisórios para que, durante o período de aula, o aluno pudesse ter acesso a esses recursos, conforme seus interesses, no seu tempo livre ou durante uma tarefa escolar. Para exemplificar, podemos citar a organização, no período de aula, de livros, jogos pedagógicos e outros recursos condizentes com cada turma em caixas, expositores ou em uma ou duas carteiras colocadas perto da parede, para que sejam acessados livremente pelos alunos e guardados no armário ao final da aula para evitar danos, devido ao compartilhamento da mesma sala com alunos de outro turno.

É importante assinalar que, nesse modelo que estamos apresentando como uma alternativa ao tradicional, a ordem e a disciplina também se fazem presentes, mas com outro sentido. Em vez do autoritarismo e do imobilismo próprios do modelo tradicional, dá-se prioridade a um ambiente sociomoral de construção e observação das regras em prol do grupo, refletindo sobre a ação de um dos membros e a repercussão desta nos demais.

Sobre os agrupamentos, o critério usual para sua formação tem sido a idade dos alunos, com o intuito de considerar as características da sua etapa de desenvolvimento e seus interesses e de permitir a formação de sua identidade entre iguais. Porém, não é difícil encontrarmos turmas em que os alunos têm idades bastante díspares, como resultado de repetências ou acesso mais tardio à escola, dificultando o desenvolvimento de identidades baseado na semelhança com os demais do seu grupo, o que, por outro lado, pode até enriquecer as relações sociais, pelas experiências de vida diversificadas.

Carecem de atenção maior as situações nas quais a diferença física entre os alunos possa vir a atrapalhar suas aprendizagens, como, por exemplo, em turmas previstas para alunos de 7 ou 8 anos de idade, a presença de crianças com 11 ou 12 anos, cujo desenvolvimento físico pode tanto intimidar os menores quanto desmotivar a si mesmos, por estarem convivendo com crianças muito mais novas.

Uma tentativa para sair da formação de turmas por idade é pensar noutros critérios, como o nível de adiantamento dos alunos por componente curricular. Pode-se, também, organizar "salas-ambiente", partindo de componentes curriculares associados entre si, até como tentativa de evitar a fragmentação dos conteúdos, e propondo-se atividades de pesquisa, por exemplo.

Nessa perspectiva apontada anteriormente, da atividade dos alunos conduzidas pela (e na) pesquisa, Rubem Alves (2006) tem feito relatos interessantes sobre vários aspectos do processo de ensino-aprendizagem, com base na realidade da Escola da Ponte, localizada em Vila Nova de Famalicão, Portugal, fazendo-nos refletir sobre alternativas ao modelo tradicional.

Os agrupamentos, na referida escola, são feitos por interesses de estudo, tendo por fio condutor a pesquisa, conforme podemos acompanhar na citação que segue:

> *Ditas essas palavras ela abriu a porta e, ao entrar, o que vi me causou espanto. Era uma sala enorme, enorme mesmo, sem divisões, cheia de mesinhas baixas, próprias para as crianças. As crianças trabalhavam nos seus projetos, cada uma de uma forma. Moviam-se algumas pela sala, na maior ordem, tranquilamente. Ninguém corria. Ninguém falava em voz alta. Em lugares assim normalmente se ouve um zumbido, parecido com o zumbido de abelhas. Nem isso se ouvia. Notei, entre as crianças, algumas com síndrome de Down que também trabalhavam. As professoras estavam assentadas com as crianças, em algumas mesas, e se moviam quando necessário. Nenhum pedido de silêncio. Nenhum pedido de atenção. Não era necessário.* (Alves, 2003)

Com esse exemplo, quisemos mostrar que alternativas podem ser pensadas para resolver os problemas vivenciados nas escolas, sem deixar de atentar para a realidade na qual a instituição se encontra, pois nem sempre a melhor solução encontrada numa escola é capaz de atender às necessidades de outra.

Pensando na relação entre a escola e a comunidade, alguns estudos têm demonstrado que, se a comunidade se sente parte da instituição escolar, ela a respeita e a conserva mais. Por exemplo: escolas públicas localizadas em periferias apresentam um índice maior de depredação em seus espaços tanto internos quanto externos. Quando da sua abertura para uso do espaço pela comunidade com atividades diversificadas, o pertencimento à escola é maior e, consequentemente, diminuem as intervenções negativas (pichação, vandalismo, arrombamentos etc.).

Um dos projetos realizados nesse sentido é o Escola Aberta[d], instaurado em alguns municípios e estados brasileiros. Com o apoio de secretarias de educação e do Ministério da Educação, a escola oferece, nos fins de semana, atividades físicas e culturais, cursos de culinária e de artesanato, entre outras, de acordo com os interesses da comunidade e a disponibilidade de pessoal para dirigir as oficinas propostas.

Apesar de até agora estarmos sempre nos referindo ao termo *espaço*, precisamos acrescentar que esse é um conceito limitado para dar conta de nossa realidade, pois, de acordo com vários teóricos, vivemos a era do ciberespaço, caracterizado por ser, "ao mesmo tempo, um espaço físico de interconexão, um espaço social de troca e de debates, um espaço de informação e um espaço econômico emergente" (Alava, 2006, p. 19).

Com a relativa popularização da internet e a aproximação de pessoas geograficamente distantes pelas tecnologias

---

d. Um exemplo é o projeto que vem sendo desenvolvido pela Secretaria Estadual de Educação do Rio Grande do Sul. Para obter mais detalhes, acesse o *link*: <http://www.educacao.rs.gov.br/pse/html/escola_aberta.jsp?ACAO=acao1>.

da informação e da comunicação, ressignifica-se o conceito de espaço e do processo pedagógico. Nesse contexto ciberespacial, a interação entre o professor, os alunos e o objeto de conhecimento é diferente e se dá por meio de outras ferramentas que não o quadro, o giz e a sala de aula, além de prescindir que todo o grupo se reúna no mesmo dia e horário.

Finalizando essa seção, cabe-nos trazer uma diferenciação conceitual entre espaço e ambiente, que pode contribuir com o nosso estudo sobre o tema. Vários autores têm salientado a diferenciação entre esses dois termos, acentuando que o termo *espaço* refere-se aos aspectos físicos e o termo *ambiente*, ao uso que é feito desse espaço físico. Portanto, um espaço pode ou não se tornar ambiente (Iglesias Forneiro, 2007).

(.)

Ponto final

Neste capítulo sobre a organização dos tempos e dos espaços na escola de ensino fundamental, apontamos caminhos que indicam as diferenças entre os modelos pedagógicos diretivo e relacional. Nosso objetivo foi mostrar propostas alternativas, em função do que se quer em relação à formação de nossos alunos. Nunca é demais relembrar que a dificuldade em experimentar novas propostas decorre da dificuldade de lidar com o inesperado e de abandonar o trabalho mecânico e estabilizado ao longo dos tempos na escola.

Pensar e repensar a organização do currículo escolar requer respeitar e não desperdiçar o tempo nem o espaço pedagógicos tanto dos alunos quanto dos professores. Requer desenvolver uma ação pedagógica mais interessante para todos. Requer inovações visando ao uso diversificado e apropriado do tempo e do espaço, dentro e fora da escola, com o objetivo primordial de contribuir para o enriquecimento cultural da comunidade escolar.

Atividades

1. Escolha uma escola de ensino fundamental e procure observar a sua organização espacial e temporal, enriquecendo essas informações por meio de conversa com professores, funcionários e alunos. Depois, registre as informações coletadas. Seguem alguns elementos que podem pautar sua observação.

    Quanto aos espaços:
    - Prédios: quantos são, tipo de material da construção, número de salas de aula, banheiros e salas diversas, condições de iluminação e ventilação natural, presença de rampas e outras adaptações arquitetônicas especiais etc.
    - Salas de aula: dimensões, mobiliário, número de alunos por sala, arranjo espacial das carteiras e outros objetos, mobilidade dos alunos, interação professor/alunos e alunos/alunos etc.
    - Espaços abertos: quais existem, como são, quem os ocupa etc.
    - Espaços externos: quais são ocupados pela escola na comunidade local e na cidade, motivo da ocupação, quem os ocupa etc.

Quanto aos tempos:

- Organização curricular: seriada, ciclada ou outra forma; distribuição do tempo entre as disciplinas (equilibrada ou não); jornada diária dos alunos e professores (número de horas e tipo de atividades) etc.
- Planejamento dos professores: unidades semanais, mensais, bimestrais etc.
- Rotinas da jornada diária (escola, professor, aluno): fixas ou flexíveis; atividades priorizadas; participação dos alunos na definição das atividades e tempos previstos etc.

2. Com base nas anotações feitas no exercício anterior, compare a relação entre os tempos e os espaços observados nessa escola com a sua proposta pedagógica, analisando se segue uma lógica linear ou não. Justifique sua resposta.

(7)

Alfabetização e letramento
no ensino fundamental

Em nossa sociedade grafocêntrica[a], torna-se relevante refletirmos sobre conceitos e práticas em torno da alfabetização e do letramento no cotidiano da escola de ensino fundamental. Esses são os temas tratados neste capítulo.

a. Conceito empregado para caracterizar a sociedade centrada na escrita (Olson, 1997).

(7.1)
Contextualizando o mundo da escrita

Um dos indicadores da realidade educacional de um país é a sua taxa de analfabetismo, que representa o número de pessoas analfabetas na faixa etária a partir dos 15 anos. O conceito de analfabeto adotado pelo Instituto Brasileiro de Geografia a Estatística (IBGE) corresponde à "pessoa que não sabe ler e escrever um bilhete simples no idioma que conhece" (Brasil, 2008a).

No Brasil, os dados da Pesquisa Nacional por Amostra de Domicílios (PNAD) de 2006 indicam que 11% da população (com 15 anos de idade ou mais) é analfabeta (Brasil, 2008b). É bem verdade que esse índice demonstra uma grande melhoria em comparação ao período colonial brasileiro. Se pensarmos, porém, que o ensino fundamental, responsável pela aprendizagem da leitura e da escrita, é obrigatório e gratuito até mesmo para os que não tiveram acesso a ele em idade própria, podemos constatar que ainda se constitui um desafio erradicar o analfabetismo em nosso país.

Os dados da PNAD são reais e concretos, mas deixam dúvidas acerca do próprio conceito de analfabetismo. Viñao Frago (2002) nos alerta para o fato de que há várias maneiras possíveis de se definir quem é analfabeto, entre as quais podemos mencionar: 1) aquele que não sabe ler nem escrever; 2) o semialfabetizado, que lê, mas não escreve; 3) aquele que lê, mas não compreende nem redige textos; 4) o funcional, que não lê nem escreve sobre fatos do cotidiano.

Os conceitos de alfabetização e analfabetismo podem ter significados diferentes, dependendo do contexto no qual estão inseridos. Por exemplo: em determinada cultura, um indivíduo será considerado analfabeto se não souber ler e escrever, ainda que se comunique perfeitamente por meio da expressão oral. No entanto, em uma cultura em que se valorize a oralidade, esse sujeito pode não ser considerado analfabeto. Portanto, é possível afirmar que nossa sociedade, por valorizar mais a escrita que outras formas de expressão, acaba centrando sua preocupação no processo formal de alfabetização, entendido como o acesso ao código da leitura e da escrita, tanto que há, para isso, um local específico, a escola, e um tempo determinado, o ingresso no ensino fundamental.

Oficialmente, esse é o marco, embora vários estudos no campo da educação mostrem que cada sujeito possui seu próprio ritmo de aprendizagem, sendo arbitrário delimitar quando uma criança pode ou não se alfabetizar. Essa é uma reflexão necessária quando pensamos em alfabetização. Além disso, considerar a experiência das crianças com a linguagem oral também contribui com o processo de aquisição da língua escrita e da leitura.

É enriquecedor trazermos, para ilustrar nossa reflexão, uma significativa lembrança de Saramago sobre a época em que não sabia ler:

> *É tempo de falar do celebrado romance Maria, a Fada dos Bosques que tantas lágrimas fez derramar às famílias dos bairros populares lisboetas dos anos 20.* [...] *mas, por essas alturas, tirando as poucas luzes que me haviam ficado de traçar letras na pedra, insuficientes a todos os títulos, a minha iniciação na delicada arte de decifrar hieróglifos ainda não tinha principiado. Quem se encarregava de os ler, em voz alta, para edificação de minha mãe e de mim, ambos analfabetos, eu que o continuaria a ser por algum tempo ainda, ela*

por toda a vida, era a mãe do Félix, cujo nome, por mais que puxe pela memória, não consigo recordar. Sentávamo-nos os três nos inevitáveis banquinhos baixos, a leitora e os ouvintes, e deixávamo-nos levar nas asas da palavra para aquele mundo tão diferente do nosso. (Saramago, 2006, p. 86-87)

Esse texto nos mostra que, mesmo sendo analfabetos naquele momento, Saramago e sua mãe já participavam com extrema competência dos saberes partilhados pela cultura escrita, por meio da leitura de outrem (a vizinha), atribuindo significado àquela prática social que ali se estabelecia, até mesmo com lirismo, expresso em "deixávamo-nos levar nas asas da palavra". As histórias contadas e os textos lidos por outros contribuem para a formação de um futuro leitor e escritor, pois ajudam a aguçar a curiosidade e, principalmente, fornecem elementos para se entender o porquê de aprender a ler e a escrever.

Sabemos que o aprendizado da leitura e da escrita em geral não é uma tarefa fácil. Também não é uma tarefa espontânea, embora várias pessoas aprendam essas habilidades em ambientes e situações informais. Mas, mesmo nessas condições de informalidade, há alguma influência do meio social e alguma intervenção que possibilita a aquisição dos códigos do nosso sistema de escrita.

A escola tem tomado para si a responsabilidade pelo ensino da leitura e da escrita. Isso tem ocasionado frequentes distorções e levado a inúmeros casos de fracasso escolar, tanto que uma parcela significativa de alunos deixa de concluir o ensino fundamental devido a experiências negativas no início dessa etapa de ensino. A escola ofusca o brilho nos olhos que as crianças apresentam quando ingressam no ensino fundamental, esperando que ali sejam oficialmente desvendados dois grandes mistérios de sua vida: ler e escrever.

Mas o que a escola faz diante dessa expectativa? Centra-se na natureza individual do processo de alfabetização, não considera os conhecimentos prévios das crianças adquiridos em suas vivências comunicativas e linguísticas, baseia-se em textos previamente elaborados e distantes da realidade das crianças e enfatiza a memorização por meio de exercícios de repetição, fazendo com que o aprendizado da leitura e escrita se torne uma atividade enfadonha. Portanto, é preciso repensar os conceitos sobre alfabetização e sobre o papel da escola nesse processo e como nós, professores, podemos investir na reversão dessa situação.

Mais uma vez, recorremos às memórias de Saramago para argumentar a favor da incorporação das experiências sociais prévias das crianças nas práticas de alfabetização. Quanto mais rico em oportunidades diversificadas for o ambiente cultural, mais significativas serão essas aprendizagens. Mesmo numa realidade economicamente desfavorável, tem-se de alguma forma contato com materiais escritos que podem servir de base para as futuras aprendizagens.

> *Aprendi depressa a ler. Graças aos lustros da instrução que havia começado a receber na minha primeira escola, a da Rua Martens Ferrão, de que apenas sou capaz de recordar a entrada e a escada sempre escura, passei, quase sem transição, para a frequência regular dos estudos superiores da língua portuguesa na figura de um jornal, o Diário de Notícias, que meu pai levava todos os dias para casa e que suponho lhe era oferecido por algum amigo, um ardina dos de boa venda, talvez o dono de uma tabacaria. Comprar, não creio que comprasse, pela pertinente razão de que não nos sobrava dinheiro para gastar em semelhantes luxos.*
> (SARAMAGO, 2006, P. 89)

Da experiência inicial de Saramago com a leitura, também podemos destacar a significativa relação que ele fazia entre as letras da leitura realizada em casa e as que estava aprendendo na escola, mostrando o caráter reflexivo sobre o sistema da escrita em diferentes contextos vivenciados.

> *Obviamente, eu não podia ler de corrido o já então histórico matutino, mas uma coisa era para mim clara: as notícias do jornal estavam escritas com os mesmos caracteres (letras lhes chamávamos, não caracteres) cujos nomes, funções e mútuas relações eu andava a aprender na escola. De modo que, mal sabendo ainda soletrar, já lia, sem perceber que estava lendo. Identificar na escrita do jornal uma palavra que eu conhecesse era como encontrar um marco na estrada a dizer-me que ia bem, que seguia na boa direção. E foi assim, desta maneira algo invulgar, Diário após Diário, mês após mês, fazendo de conta que não ouvia as piadas dos adultos da casa, que se divertiam por estar eu a olhar para o jornal como se fosse um muro, que a minha hora de os deixar sem fala chegou, quando, um dia, de um fôlego, li em voz alta, sem titubear, nervoso mas triunfante, umas quantas linhas seguidas. Não percebia tudo o que lia, mas isso não importava. [...] Ora, aconteceu que nessa casa onde não havia livros, um livro havia, um só, grosso, encadernado, salvo erro, em azul-celeste, que se chamava A Toutinegra do Moinho e cujo autor, se a minha memória ainda esta vez acerta, era Émile de Richebourg [...] Este romance iria tornar-se na minha primeira grande experiência de leitor.* (Saramago, 2006, p. 90-91)

Dessa lembrança de Saramago, podemos ressaltar que o processo de alfabetização envolve diferentes contextos (a casa e a escola, por exemplo), diferentes expectativas (tanto do sujeito que está se alfabetizando quanto dos adultos que com ele convivem), bem como diferentes suportes (livros, revistas, jornais, panfletos etc.).

Entretanto, hoje em dia, o conceito de alfabetização é insuficiente para tratarmos da aquisição da linguagem oral e escrita. Surgiu, então, o termo *letramento*, relacionado às práticas sociais da leitura e da escrita em uso real e social, ampliando o debate sobre alfabetização. Alfabetizar e letrar são processos diferentes e indissociáveis, como veremos a seguir.

(7.2)
Alfabetização e letramento: conceitos ainda em discussão

Nas sociedades modernas, a escrita é onipresente. Qualquer evento significativo tem documentação apropriada: um convite, um contrato, uma assinatura etc. Portanto, é necessário aprender a escrever e ler para poder participar desses eventos. Nossas sociedades grafocêntricas atribuem à escola a função primeira de ensinar seus membros a ler, escrever e calcular (Olson, 1997).

Ao longo dos tempos, sempre foi aceito o conceito de alfabetização como responsável pelo processo de aquisição da escrita, que significava a aprendizagem de habilidades para a leitura e a escrita. Igualmente, foi aceita a prática escolar como responsável pelo ensino individual dessas habilidades. Ressaltamos aqui a relação direta entre a alfabetização e o processo de escolarização característico de nossa cultura (Tfouni, 2005).

Sobretudo com o avanço das pesquisas, na área da educação e da linguagem, sobre o fracasso escolar, surgiu também o conceito de alfabetização funcional, segundo o qual a aprendizagem das habilidades de leitura e escrita deve tornar o indivíduo capaz de funcionar adequadamente na sociedade (Soares, 2005). Ou seja, avançou-se no sentido de buscar uma prática de ensino que ampliasse o sentido tradicional de alfabetização (apenas ensinar codificação e decodificação de signos linguísticos).

Mas a tentativa de ampliar o sentido dado à alfabetização não parou por aí. Em meados da década de 1980, surgiu no Brasil um novo conceito: letramento – a palavra *letramento* está ligada ao termo *literacy*, usado nos Estados Unidos e na Inglaterra no mesmo período. Foi uma forma de nomear uma nova maneira de perceber o fenômeno do processo de aprendizagem da escrita, diferenciando-a do conceito de alfabetização. O conceito de letramento busca situar os aspectos sócio-históricos da aquisição da escrita, pois compreende que esta ocorre no meio social, por meio de práticas sociais.

Tfouni (2005, p. 9-10) nos esclarece essa abordagem ao afirmar que

> *O letramento [...] focaliza os aspectos sócio-históricos da aquisição da escrita. Entre outros casos, procura estudar e descrever o que ocorre nas sociedades quando adotam um sistema de escritura de maneira restrita ou generalizada; procura ainda saber quais práticas psicossociais substituem as práticas "letradas" em sociedades ágrafas. Desse modo, o letramento tem por objetivo investigar não somente quem é alfabetizado, mas também quem não é alfabetizado, e, nesse sentido, desliga-se de verificar o individual e centraliza-se no social.*

Soares justifica o aparecimento do conceito de letramento ao enfatizar as modificações pelas quais nossa sociedade tem passado nas últimas décadas, com a consequente multiplicação e diversificação dos usos e funções da escrita (Soares, 2005). Ou seja, ler e escrever tornou-se insuficiente. A aprendizagem da escrita não é meramente uma questão técnica: está impregnada de questões políticas e ideológicas, dependendo do uso que se faz dela nos diferentes contextos sociais e culturais.

Mas o uso desse conceito tem sido questionado por alguns educadores/pesquisadores, os quais afirmam que, ao se diferenciar letramento de alfabetização, acaba-se por reduzir a alfabetização ao simples processo de ensinar e aprender a ler e a escrever. Portanto, leva a entender o sujeito alfabetizado como aquele que lê e escreve (Gadotti, 2005). Gadotti (2005) enfatiza que, para Paulo Freire, a alfabetização vai muito além do domínio do código escrito: implica a leitura de mundo antes da leitura da palavra e, dessa forma, a crítica da realidade já está incluída no processo de alfabetização. Outra ressalva ao conceito de letramento é feita por Emília Ferreiro (2003, p. 30), que prefere traduzir *literacy* pelo termo *cultura escrita*. Afirma a autora que "o processo de alfabetização é desencadeado com o acesso à cultura escrita".

Soares (2004) assevera que Paulo Freire foi o precursor do conceito de letramento, pois seu trabalho de alfabetização tinha como um de seus fundamentos a democratização da cultura. A referida autora defende a indissociabilidade entre os processos de alfabetização e letramento, quer na perspectiva teórica, quer na prática pedagógica. Em hipótese alguma, o letramento pode estar relacionado com a apresentação das letras ou seu reconhecimento como momento inicial da alfabetização, discurso frequente de vários educadores que desconhecem o significado desse termo.

Críticos e defensores à parte, é importante que o professor atuante no ensino fundamental conheça o máximo possível sobre alfabetização e letramento para, com base nisso, identificar e praticar as ideias que mais se aproximem de suas concepções e da realidade de seus alunos.

Finalizando esta seção mais conceitual, queremos enfatizar que é possível trabalhar com a alfabetização e o letramento das crianças concomitantemente. Para isso, pode-se trabalhar o uso social da leitura e da escrita e vincular as atividades ao contexto cotidiano, evitando situações totalmente artificiais e descontextualizadas, do tipo "Ivo viu a uva", presentes em muitas cartilhas. A crítica dirigida às cartilhas refere-se geralmente ao fato de que grande parte delas traz uma abordagem que privilegia o trabalho mecânico e repetitivo, que pouco auxilia no entendimento do uso social da escrita.

(7.3)
A abordagem metodológica na sala de aula

Alfabetizar e letrar[b], conforme comentamos anteriormente, são dois processos metodológicos diferentes, mas que devem ser considerados indissociáveis e simultâneos, sendo o primeiro responsável pela aquisição do sistema da escrita e o segundo, pelo desenvolvimento das práticas sociais de leitura e escrita.

Nosso sistema de escrita compreende uma base alfabética em que há a associação entre fonemas e grafemas,

---

b. Para saber mais sobre alfabetização e letramento, assista aos vídeos elaborados pelo Ministério da Educação do Brasil no *site*: <http://www.dominiopublico.gov.br/pesquisa/PesquisaObraForm.jsp>.

ou seja, a escrita representa os sons, diferentemente de outras culturas. A criança (ou o adulto), para dominar o mundo letrado, necessita de um tempo maior para poder apropriar-se tanto do código escrito (alfabetização) quanto das suas práticas sociais (letramento). Portanto, fala-se até mesmo que o processo de consolidação das práticas de alfabetização e letramento não deveria se restringir a um ano letivo (ou dois, proposta enfatizada pelo novo ensino fundamental de nove anos), mas prolongar-se ao conjunto dos anos iniciais ou, quiçá, a todo o ensino fundamental, sendo responsabilidade de todos os professores e disciplinas curriculares, pois todos trabalham com linguagens, e não apenas os alfabetizadores.

Para facilitar esse processo para os alunos que iniciam o ensino fundamental, é importante que o planejamento do professor inclua atividades que possibilitem a reflexão sobre o sistema escrito. Em outras palavras, é essencial que o aluno possa, por meio de intervenções dirigidas e contextualizadas, elaborar suas hipóteses sobre a relação entre a fala e a escrita.

Há que se ressaltar que a aprendizagem do sistema alfabético não significa escrever ortograficamente, outro equívoco frequente em nossas escolas. A aprendizagem da ortografia pode ficar para o momento subsequente ao da consolidação da alfabetização, pois representa uma convenção, muitas vezes arbitrária. Por exemplo: uma criança em fase inicial de alfabetização escreve a palavra *casa* com a grafia *caza*. Se estivermos avaliando apenas a ortografia, essa criança não atingiu o objetivo esperado. Entretanto, se atentarmos para o fato de que ela representou o fonema [za] aplicando o conhecimento anterior de que *zebra* tem um som semelhante e é escrito com z, podemos dizer que ela se apropriou do sistema alfabético. Portanto, a escola e o conjunto de seus professores devem discutir e refletir sobre suas concepções e práticas em relação à alfabetização e ao letramento, tendo clareza ao definirem quais serão os critérios para considerar uma criança alfabetizada/letrada e para promovê-la para o ano seguinte.

Outro aspecto importante refere-se à preparação adequada do espaço para promover um ambiente alfabetizador, proporcionando às crianças uma interação maior com textos diversificados e, consequentemente, uma melhor manipulação da escrita. As crianças precisam interagir de forma autônoma com livros, revistas, jornais, cartazes, calendários, jogos, letras, nomes, enfim, todo tipo de material escrito que indicar uma prática social. Além disso, a valorização da expressão oral também deve estar presente nesse ambiente de práticas significativas para as crianças. Entre outras atividades, pode-se realizar conto e reconto de histórias e causos, relatos de experiências, atividades em duplas. A prática de reconto de histórias, por exemplo, é muito significativa para a criança, por ampliar o desenvolvimento de sua consciência linguística, pois, no momento em que a criança já conhece o enredo, ela pode se ater mais aos aspectos do sistema da escrita.

Também é relevante preocupar-se, quanto ao uso do espaço, em organizar aulas dinâmicas que permitam o movimento das crianças e a livre troca de informações com o professor e com seus pares. Portanto, abandonar a arrumação tradicional das classes, com carteiras separadas e dispostas uma atrás da outra, e propor outras alternativas, como a organização em duplas ou pequenos grupos, pode favorecer um ambiente desafiador e rico em interações, um ambiente que facilite a reflexão sobre os usos da leitura e da escrita. Uma dica, nesse sentido, é aproveitar momentos de interação para propor atividades lúdicas, como jogo da força e memória, entre outras que possam ser adaptadas para tal fim.

Como salientamos antes, é imprescindível que as atividades propostas sejam contextualizadas, isto é, representem ações reais, mesmo que transplantadas do cotidiano para o interior da escola. Com isso, queremos frisar a relevância de o aluno aprender a ler e a escrever em situações concretas do dia a dia. O aluno deve escrever para comunicar ou solicitar algo, reclamar, expressar sentimentos etc., e não para ser avaliado pelo professor.

Os alunos do ensino fundamental em geral têm grande resistência à leitura, pois, muitas vezes, as indicações feitas pelos professores não estão de acordo com suas necessidades e curiosidades. Muitos professores, atentos a essa dificuldade, estabelecem negociações, cada parte cedendo um pouco em relação às suas preferências de leitura, mas atingindo o objetivo principal, que é saber ler. O aluno deve ler para ampliar seu conhecimento (não apenas técnico) ou para o professor dar uma nota ao resumo do livro? Dependendo da resposta, poderemos estar nos aproximando ou nos afastando da leitura como uma prática real, ou seja, mais próxima da vivência cotidiana da criança.

Não menos importante é o professor saber valorizar o erro de seus alunos. Isso não significa aceitá-lo passivamente e chegar à conclusão de que a criança ainda não está pronta para aquela aprendizagem, pois isso seria incorrer numa postura espontaneísta. Ao contrário, o professor deve investigar como a criança está pensando naquele momento para chegar àquela forma de escrita/leitura e propor intervenções adequadas para desestabilizar o aluno, a fim de que possa refletir sobre a sua hipótese e superá-la num futuro próximo. É necessário subverter a importância dada ao erro, no sentido de o identificar como algo não aprendido. Deve-se, sim, procurar identificar o que o aluno conseguiu aprender para chegar àquela resposta. Qual lógica a criança está seguindo para responder dessa maneira à questão exposta?

Desde a década de 1980, com a contribuição dos estudos na área da psicologia, tem-se refletido sobre a formação das turmas, que, sob uma pretensa homogeneidade (idade, ano escolar ou outro critério), constituem-se heterogeneamente, pois cada criança pode estar em um nível diferente em relação às suas aprendizagens e seu próprio desenvolvimento. Se, por um lado, isso pode dificultar o trabalho do professor, que precisa prever meios diferenciados, de acordo com as características de seus alunos, por outro, a interação pode promover, de forma mais significativa, momentos de desequilíbrio cognitivo. A interação, entendida como o trabalho entre pares (duplas ou pequenos grupos), numa relação mais horizontal, pode provocar questionamentos tão eficientes quanto os feitos pelo professor. Se duas crianças produzirem juntas um texto, e cada uma encontrar-se em um nível diferente em relação às hipóteses de como se dá a escrita, elas se darão conta de que estão pensando e escrevendo de formas diferentes. Uma questionará a outra, fazendo com que comparem suas hipóteses. Provavelmente, após esse momento de desequilíbrio, a reflexão levará a um novo equilíbrio, com o surgimento de uma nova hipótese.[c]

Na década de 1970, Emília Ferreiro e Ana Teberosky (1999) iniciaram na Argentina uma investigação sobre as hipóteses de construção da escrita elaboradas pelas crianças, relatada no livro *Psicogênese da língua escrita*. Nessa obra, as autoras apresentam os níveis das hipóteses construídas

---

c. Esta é uma explicação abreviada da abstração reflexionante da teoria piagetiana (Becker, 2001, p. 45-67).

pelas crianças acerca do escrever e do ler, opondo-se aos métodos tradicionais até aquele momento soberanos nas escolas. As hipóteses apresentadas pelas crianças até chegarem à alfabetização compreendem as fases:

1. pré-silábica: não há relação entre letras e sons;
2. silábica: para cada sílaba pronunciada, é atribuída uma letra na escrita;
3. silábico-alfabética: mistura a hipótese anterior com a sílaba completa;
4. alfabética: relação entre o valor das letras, sílabas e som.

Para essas pesquisadoras argentinas, o processo de aquisição do código está centrado na ação do aluno, associado à intervenção do professor, numa relação dialética e relacional. Além disso, as autoras desautorizam o uso de cartilhas e aconselham o uso de textos próprios do contexto social em que os alunos estão inseridos.

Não devemos confundir as ideias desenvolvidas anteriormente com um método. A psicogênese apresenta-se como uma teoria que busca explicar o pensamento das crianças sob a forma de hipóteses, que representam fases que vão sendo superadas pela resolução do conflito cognitivo, avançando em direção à consolidação do processo de aquisição da leitura, da escrita e seu uso social. Tampouco, os níveis podem servir para o professor rotular a criança e deixar de intervir nas hipóteses levantadas por ela.

Existem métodos que foram e continuam sendo aplicados pelos professores que trabalham com turmas de alfabetização. Resumidamente, podemos apresentar dois grupos, de acordo com a unidade de partida, conforme visualizamos no Quadro 7.1.

Quadro 7.1 – Métodos de alfabetização

TIPO	UNIDADE DE PARTIDA	EXEMPLOS
Sintético	Da letra ou sílaba à palavra	Fônico Soletração Silabação
Analítico ou global	Parte-se de unidades maiores (conto, oração ou frase)	Palavração Sentenciação Método de contos
Analítico-sintético	Combina-se o texto aos fonemas	Eclético ou misto

FONTE: ADAPTADO DE CARVALHO, 2005.

Quando falamos em métodos de alfabetização, uma dúvida recorrente é sobre qual o melhor método para se alfabetizar as crianças. Especialistas na área têm enfatizado que há um conjunto de fatores que influenciam no processo de aprender a ler e a escrever e que todos os métodos podem ser mais ou menos adequados aos alunos. Portanto, em vez de perguntarmos qual o melhor método de alfabetização, devemos perguntar quem são os alunos com os quais estamos trabalhando e qual método (ou métodos) é mais adequado para eles. Assim, a escolha do método depende da realidade em que o professor e os alunos estão inseridos, bem como de suas necessidades e hipóteses. Além disso, deve ser encarado como um instrumento que auxilia o professor em seu trabalho, e não como um livro de receitas, tendo por base as experiências bem-sucedidas de outros professores.

A alteração no ensino fundamental brasileiro, agora com 9 anos de duração e ingresso das crianças aos 6 anos de idade, tem suscitado ainda mais a dúvida sobre qual é o melhor período para alfabetizar as crianças: a pré-escola ou o primeiro ano. Ferreiro (2004), diante do dilema de alfabetizar ou não a criança na pré-escola, afirma que não há uma resposta única e certa, pois existem casos diferenciados. Considera, no entanto, imprescindível analisar a situação da criança e ver quais são seus interesses e suas curiosidades. A criança, segundo a autora, não pode ser forçada à aquisição do código, nem tampouco ser desprovida de um ambiente alfabetizador por ainda não se encontrar no ensino fundamental, pois, em seu cotidiano, embora não saiba ler e escrever, interage e utiliza frequentemente materiais escritos.

Portanto, o professor, atento às manifestações das crianças, em conjunto com seus familiares, identificará quando estão pedindo para participar do processo sistematizado. Se considerarmos o processo de alfabetizar letrando, há todo o contexto inicial das práticas sociais, a ser trabalhado desde a educação infantil, que colaborará para a aquisição formal da leitura e escrita, tanto se iniciar na pré-escola quanto se iniciar a partir do primeiro ano do ensino fundamental.

Embora tenhamos sempre nos referido à criança como o sujeito do processo de alfabetização e letramento, não podemos esquecer que jovens e adultos também integram essa aprendizagem e, por isso, precisamos considerar suas especificidades. Em primeiro lugar, precisamos considerar os motivos que levam o jovem e o adulto a retornarem à escola com o intuito de obter sua escolarização. Devemos assinalar que esse retorno supera uma experiência anterior: não ter tido acesso à escola ou oportunidade de estudo em idade "própria". Em segundo lugar, esses sujeitos com mais de 15 anos têm uma experiência de vida maior que a das crianças. Portanto, não se pode tratá-los da mesma forma que se trata as crianças ou usar um método infantilizado. Em terceiro lugar, há que se tratar das questões específicas referentes à realidade do grupo, proporcionando, da mesma forma que às crianças, uma aprendizagem significativa e uma diversidade de atividades, materiais e organização física da sala.

(.)

Ponto final

Esmiuçamos, neste capítulo, o tema *alfabetização* e propusemos a ampliação da sua conceituação, incluindo o termo *letramento*, para caracterizar, assim, além da aquisição do código escrito, seu uso em práticas sociais e culturais. Vimos ainda que, para isso, o ensino desenvolvido pela escola necessita contemplar as experiências prévias dos alunos e diversificados meios letrados portadores de informações significativas, para a compreensão do que se lê e do que se escreve em nossa sociedade.

Atividade

Leia com atenção as afirmações a seguir e marque (V) para as verdadeiras e (F) para as falsas. Se a afirmação for falsa, justifique sua resposta:

a. ( ) Independentemente da realidade cultural de um grupo social, a definição de *alfabetização* e *analfabetismo* é invariável.

b. ( ) *Letramento* é um termo utilizado para acentuar o trabalho com as práticas sociais da leitura e da escrita, ampliando o conceito de alfabetização comumente relacionado à aquisição do código escrito.

c. ( ) A organização de um ambiente alfabetizador em uma sala de aula e o alcance pelo aluno da hipótese alfabética na escrita têm o mesmo significado.

d. ( ) A escolha por um método de alfabetização no período inicial do ensino fundamental depende da opção dos professores em relação às unidades de partida a serem consideradas: da parte ao todo, do todo à parte ou combinando as duas formas.

e. ( ) As interações entre os alunos, o uso diversificado de materiais escritos e a proposição de atividades com sentido favorecem o processo de alfabetização.

Referências

ALAVA, Séraphin. A educação se faz pela intermediação do mundo. *Pátio – Revista Pedagógica*, Porto Alegre, v. 10, n. 39, p. 16-19, ago./out. 2006.

ALMEIDA NETO, Honor de. *Trabalho infantil em rede.* Canoas: Ed. da Ulbra, 2006.

ALVES, Rubem. *A escola com que sempre sonhei sem imaginar que pudesse existir.* 9. ed. São Paulo: Papirus, 2006.

_____. *A escola da ponte 2.* Disponível em: <http://www.rubemalves.com.br/escoladaponte2.htm>. Acesso em: 13 jul. 2003.

ARGENTINA. Ministério da Educação. *Portal.* Disponível em: <http://www.mcye.gov.ar>. Acesso em: 03 abr. 2008.

BARBOSA, Maria Carmen Silveira. Ponto de vista. *Pátio – Revista Pedagógica*, Porto Alegre, v. 10, n. 37, p. 50-53, fev./abr. 2006.

BARDOLET, Antoni Tort. Educar pessoas livres. In: SEBARROJA, Jaume Carbonell (Org.). *Pedagogias do século XX.* Porto Alegre: Artmed, 2003. p. 86-89.

BASTOS, Maria Helena C.; FARIA FILHO, Luciano Mendes de (Org.). *A escola elementar no século XIX*: o método monitorial/mútuo. Passo Fundo: EDIUPF, 1999.

BECKER, Fernando. *A epistemologia do professor*: o cotidiano da escola. 12. ed. Petrópolis: Vozes, 2005.

_____. *Educação e construção do conhecimento.* Porto Alegre: Artmed, 2001.

BOTTOMORE, Tom. *Dicionário do pensamento marxista*. Rio de Janeiro: J. Zahar, 2001.

BRASIL. Constituição da República Federativa do Brasil de 1988. *Diário Oficial da União*, Brasília, DF, 05 out. 1988. Disponível em: <http://www.planalto.gov.br/ccivil_03/Constituicao/Constituiçao.htm>. Acesso em: 04 fev. 2008.

BRASIL. Departamento de Políticas de Educação Infantil e Ensino Fundamental. Coordenação Geral do Ensino Fundamental. *Ensino fundamental de nove anos*: orientações gerais. Brasília: MEC/SEB, 2004a. Disponível em: <http://portal.mec.gov.br/seb/arquivos/pdf/Ensfund/nove anorienger.pdf>. Acesso em: 20 jan. 2008.

BRASIL. Lei n. 4.024, de 20 de dezembro de 1961. *Diário Oficial da União*, Brasília, DF, 27 dez. 1961. Disponível em: <http://www.planalto.gov.br/ccivil_03/LEIS/L4024.htm>. Acesso em: 27 maio 2008.

_____. Lei n. 5.540, de 28 de novembro de 1968. *Diário Oficial da União*, Brasília, DF, 29 nov. 1968. Disponível em: <http://www.planalto.gov.br/ccivil_03/LEIS/L5540.htm>. Acesso em: 27 maio 2008.

_____. Lei n. 5.692, de 11 de agosto de 1971. *Diário Oficial da União*, Brasília, DF, 12 ago. 1971. Disponível em: <http://www.planalto.gov.br/ccivil_03/LEIS/L5692.htm>. Acesso em: 27 maio 2008.

_____. Lei n. 7.044, de 18 de outubro de 1982. *Diário Oficial da União*, Brasília, DF, 19 out. 1982. Disponível em: <http://www.planalto.gov.br/ccivil_03/LEIS/L7044.htm>. Acesso em: 27 maio 2008.

_____. Lei n. 8.069, de 13 de julho de 1990. *Diário Oficial da União*, Brasília, DF, 16 jul. 1990. Disponível em: <http://www.planalto.gov.br/ccivil_03/LEIS/L7044.htm>. Acesso em: 27 maio 2008.

_____. Lei n. 9.394, de 20 de dezembro de 1996. *Diário Oficial da União*, Brasília, DF, 23 dez. 1996. Disponível em: <http://www.planalto.gov.br/ccivil_03/Leis/L9394.htm>. Acesso em: 03 abr. 2008.

_____. Lei n. 10.172, de 9 de janeiro de 2001. *Diário Oficial da União*, Brasília, DF, 10 jan. 2001a. Disponível em: <http://www.planalto.gov.br/ccivil/LEIS/LEIS_2001/L10172.htm>. Acesso em: 10 abr. 2008.

_____. Lei n. 11.114 de 16 de maio de 2005. *Diário Oficial da União*, Brasília, DF, 17 maio 2005a. Disponível em: <http://www.planalto.gov.br/ccivil_03/_Ato2004-2006/2005/Lei/L11114.htm>. Acesso em: 03 abr. 2008.

_____. Lei n. 11.274, de 6 de fevereiro de 2006. *Diário Oficial da União*, Brasília, DF, 07 fev. 2006a. Disponível em: <http://www.planalto.gov.br/ccivil_03/_Ato2004-2006/2006 Lei/L11274.htm>. Acesso em: 03 abr. 2008.

BRASIL. Ministério da Educação. Conselho Nacional da Educação. Parecer n. 06, de 08 de junho de 2005. *Diário Oficial da União*, Brasília, DF, 14 jul. 2005b. Disponível em: <http://portal.mec.gov.br/cne/arquivos/pdf/pceb006_05.pdf>. Acesso em: 02 abr. 2008.

BRASIL. Parecer n. 18, de 15 de setembro de 2005. *Diário Oficial da União*, Brasília, DF, 7 out. 2005c. Disponível em: <http://portal.mec.gov.br/cne/arquivos/pdf/pceb018_05.pdf>. Acesso em: 20 jan. 2008.

_____. Resolução n. 1, de 15 de maio de 2006. *Diário Oficial da União*, Brasília, DF, 16 maio 2006b. Disponível em: <http://portal.mec.gov.br/cne/arquivos/pdf/rcp01_06.pdf>. Acesso em: 27 maio 2008.

_____. Resolução n. 2, de 11 de fevereiro de 2001. *Diário Oficial da União*, Brasília, DF, 14 set. 2001b. Disponível em: <http://portal.mec.gov.br/seesp/arquivos/pdf/res2_b.pdf>. Acesso em: 04 fev. 2008.

_____. Resolução n. 3, de 03 de agosto de 2005. *Diário Oficial da União*, Brasília, DF, 8 ago. 2005d. Disponível em: <http://portal.mec.gov.br/cne/arquivos/pdf/rceb003_05.pdf>. Acesso em: 20 jan. 2008.

BRASIL. Ministério da Educação. INEP – Instituto Nacional de Estudos e Pesquisas Educacionais Anísio Teixeira. *Novos tempos e espaços da escola*. 2004b. Diponível em: <http://www.inep.gov.br/imprensa/noticias/outras/news03_52.htm>. Acesso em: 15 fev. 2008. Notícias.

_____. *Resultado do censo escolar 2005*. 2006c. Disponível em: <http://www.inep.gov.br/basica/censo/Escolar/Sinopse/sinopse.asp>. Acesso em: 03 abr. 2008.

_____. *Sinopse Estatística da Educação Básica*. 2002. Disponível em: <http://www.inep.gov.br/basica/censo/Escolar/Sinopse/sinopse_2002.htm>. Acesso em: 02 abr. 2008.

_____. *Sinopse Estatística da Educação Básica*: 2004. 2005e. Disponível em: <http://www.inep.gov.br/basica/censo/Escolar/Sinopse/sinopse.asp>. Acesso em: 03 abr. 2008.

_____. *Sinopse Estatística da Educação Básica*: censo escolar 2006. 2006d. Disponível em: <http://www.inep.gov.br/basica/censo/Escolar/Sinopse/sinopse.asp>. Acesso em: 05 jan. 2008.

BRASIL. Ministério da Educação. Secretaria de Educação Básica. *Ampliação do ensino fundamental para nove anos*: 3º relatório do programa. Brasília: MEC/SEB, 2006e. Disponível em: <http://www.smec.salvador.ba.gov.br/documentos/espaco-virtual/ensino-fundamental-9anos/9anos-3relatorio-programa.pdf>. Acesso em: 15 abr. 2008.

BRASIL. Ministério do Planejamento, Orçamento e Gestão. Instituto Brasileiro de Geografia e Estatística. *Conceitos*. Disponível em: <http://www.ibge.gov.br/home/estatistica/populacao/condicaodevida/indicadoresminimos/conceitos.shtm#ta>. Acesso em: 08 fev. 2008a.

_____. *Indicadores Sociais Mínimos*. Disponível em: <http://www.ibge.gov.br/home/estatistica/populacao/condicaodevida/indicadoresminimos/tabela3.shtm#a31>. Acesso em: 15 jan. 2008b.

_____. *Pesquisa Nacional por Amostra de Domicílios*: análise dos resultados. Disponível em: <http://www.ibge.gov.br/home/estatistica/populacao/trabalhoerendimento/pnad2004/suplemento_educacao/comentario.pdf>. Acesso em: 15 jan. 2008c.

_____. *Síntese de indicadores sociais 2006*. Disponível em: <http://www.ibge.gov.br/home/estatistica/populacao/condicaodevida/indicadoresminimos/sinteseindicsociais2006/indic_sociais2006.pdf>. Acesso em: 08 fev. 2008d.

CARBONELL SEBARROJA, Jaume. *A aventura de inovar*: a mudança na escola. Porto Alegre: Artmed, 2002.

CARBONELL SEBARROJA, Jaume et al. (Org.). *Pedagogias do século XX*. Porto Alegre: Artmed, 2003.

CARVALHO, Marlene. *Alfabetizar e letrar*: um diálogo entre a teoria e a prática. 3. ed. Petrópolis: Vozes, 2005.

CHILE. Ministério da Educação. *Portal*. Disponível em: <http://www.mineduc.cl>. Acesso em: 03 abr. 2008.

COLL, César et al. *O construtivismo na sala de aula*. 6. ed. São Paulo: Ática, 2003.

CURY, Carlos Roberto Jamil. *Educação e contradição*: elementos metodológicos para uma teoria crítica do fenômeno educativo. 7. ed. São Paulo: Cortez, 2000.

_____. *Legislação educacional brasileira*. 2. ed. Rio de Janeiro: DP&A, 2006.

_____. *Lei de Diretrizes e Bases da Educação*. 7. ed. Rio de Janeiro: DP&A, 2004.

DELORS, Jacques (Org.). *Educação*: um tesouro a descobrir. 10. ed. São Paulo: Cortez; Brasília, DF: MEC; Unesco, 2006.

DEMO, Pedro. *Educar pela pesquisa*. 7. ed. Campinas, SP: Autores Associados, 2005.

_____. *A nova LDB*: ranços e avanços. 12. ed. Campinas, SP: Papirus, 2001.

DEMO, Pedro. *Pesquisa e construção de conhecimento*: metodologia científica no caminho de Habermas. 6. ed. Rio de Janeiro: Tempo Brasileiro, 2004.

DINDO, Rodrigo. *Ensino de nove anos aumenta escolaridade e unifica o sistema no país*. Disponível em: <http://portal.mec.gov.br/index.php?option=com_content&task=view&id=5494&interna=6>. Acesso em: 02 mar. 2006.

FARIA, Ana Lúcia Goulart de. Para uma pedagogia da infância. *Pátio – Educação Infantil*, Porto Alegre, v. 5, n. 14, p. 6-9, jul./out. 2007.

FERREIRO, Emília. Alfabetização e cultura escrita. *Revista Nova Escola*, São Paulo, v. 18, n. 162, p. 27-30, maio 2003.

_____. *Reflexões sobre alfabetização*. 24. ed.,atual. São Paulo: Cortez, 2004.

FERREIRO, Emília; TEBEROSKY, Ana. *Psicogênese da língua escrita*. Porto Alegre: Artmed, 1999. (Edição comemorativa dos 20 anos de publicação).

FOUCAULT, Michel. *Vigiar e punir*: nascimento da prisão. 31. ed. Petrópolis: Vozes, 2006.

FRANCO, Sérgio Roberto Kieling. *O construtivismo e a educação*. 8. ed. Porto Alegre: Mediação, 2000.

FREIRE, Paulo. *A importância do ato de ler*: em três textos que se completam. 48. ed. São Paulo: Autores Associados; Cortez; 2006. (Coleção Polêmicas do nosso tempo).

_____. *Pedagogia da autonomia*: saberes necessários à prática educativa. 36. ed. São Paulo: Paz e Terra, 2007.

_____. *Pedagogia do oprimido*. Rio de Janeiro: Paz e Terra, 2004.

GADOTTI, Moacir. Ponto de vista: alfabetização e letramento têm o mesmo significado? *Pátio – Revista Pedagógica*, Porto Alegre, v. 9, n. 34, maio/jul. 2005. (CD-Rom comemorativo dos 10 anos da revista).

GORE, Jennifer M. Foucault e educação: fascinantes desafios. In: SILVA, Tomaz Tadeu da (Org.). *O sujeito da educação*: estudos foucaultianos. 5. ed. Petrópolis: Vozes, 2002. p. 9-20.

HADDAD, Sérgio. A educação de pessoas jovens e adultas e a nova LDB. In: BRZEZINSKI, Iria (Org.). *LDB interpretada*: diversos olhares se entrecruzam. 9. ed. São Paulo: Cortez, 2005. p. 111-126.

HERNÁNDEZ, Fernando. *Transgressão e mudança na educação*. Porto Alegre: Artes Médicas, 1998.

HERNÁNDEZ, Fernando; VENTURA, Montserrat. *A organização do currículo por projetos de trabalho*: o conhecimento é um caleidoscópio. 5. ed. Porto Alegre: Artmed, 2007.

HOUAISS, Antonio; VILLAR, Mauro de Salles. *Minidicionário Houaiss da Língua Portuguesa*. Rio de Janeiro: Objetiva, 2001.

IGLESIAS FORNEIRO, Lina. A organização dos espaços na educação infantil. In: ZABALZA, Miguel A. *Qualidade em educação infantil*. Porto Alegre: Artmed, 2007. p. 229-281.

IZQUIERDO, Ivan. Reflexões sobre o tempo. *Pátio – Revista Pedagógica*, Porto Alegre, v. 11, n. 43, p. 22-24, ago./out. 2007.

JANSBEN, Ulrich; STEUERNAGEL, Ulla. *A universidade das crianças*: cientistas explicam os enigmas do mundo. São Paulo: Planeta do Brasil, 2005.

JARES, Xesús R. A cidadania no currículo. *Pátio – Revista Pedagógica*, v. 9, n. 36, p. 8-11, nov. 2005/jan. 2006.

KRAMER, Sonia. Propostas pedagógicas ou curriculares: subsídios para uma leitura crítica. *Educação & Sociedade*, ano 18, n. 60, p. 15-35, dez. 1997. Disponível em: <http://www.scielo.br/pdf/es/v18n60/v18n60a1.pdf>. Acesso em: 19 jan. 2008.

LIBÂNEO, José Carlos. *Organização e gestão da escola*: teoria e prática. 5. ed. Goiânia: Alternativa, 2004.

LÜDKE, Menga; ANDRÉ, Marli E. D. A. *Pesquisa em educação*: abordagens qualitativas. São Paulo: EPU, 2005.

MARX, Karl; ENGELS, Friedrich. *A ideologia alemã*. 2. ed. São Paulo: M. Fontes, 2001.

MOLL, Jaqueline. Os tempos da vida nos tempos da escola: em que direção caminha a mudança? In: _____. (Org.). *Ciclos na escola, tempos na vida*: criando possibilidades. Porto Alegre: Artmed, 2004. p. 101-111.

MORIN, Edgar. *A cabeça benfeita*: repensar a reforma, reformar o pensamento. 7. ed. Rio de Janeiro: Bertrand Brasil, 2002.

_____. *Os sete saberes necessários à educação do futuro*. 11. ed. São Paulo: Cortez; Brasília, DF: Unesco, 2006.

MORIN, Edgar; ALMEIDA, Maria da Conceição de; CARVALHO, Edgard de Assis (Org.). *Educação e complexidade*: os sete saberes e outros ensaios. 3. ed. São Paulo: Cortez, 2005.

OLSON, David R. *O mundo no papel*: as implicações conceituais e cognitivas da leitura e da escrita. São Paulo: Ática, 1997.

OYARZABAL, Graziela Macuglia. Escola por ciclos: a proposta da rede municipal de Porto Alegre/RS. *REXE: Revista de Estudios y Experiencias en Educación*, Concepción, Chile, v. 1, n. 1, p. 161-176, 2007.

_____. *Os sentidos discursivos enunciados por professores, pais e alunos sobre a escola por ciclos*: um estudo de caso em Porto Alegre/RS. 2006. Tese (Doutorado em Educação) – Universidade Federal do Rio Grande do Sul, Faculdade de Educação, Programa de Pós-Graduação em Educação, Porto Alegre, 2006. Disponível em: <http://www.dominiopublico.gov.br/download/texto/cp028067.pdf>. Acesso em: 15 abr. 2008.

PORTO, Cláudio; RÉGNIER, Karla. *O ensino superior no mundo e no Brasil*: condicionantes, tendências e cenários para o horizonte 2003-2025 – uma abordagem exploratória. Brasília, DF: MEC, 2003. Disponível em: <http://portal.mec.gov.br/sesu/arquivos/pdf/ensinosuperiormundobrasiltendenciascenarios2003-2025.pdf>. Acesso em: 19 fev. 2008.

PORTO ALEGRE. Secretaria Municipal de Educação. Ciclos de Formação: proposta político-pedagógica da escola cidadã. *Cadernos pedagógicos*, Porto Alegre, n. 9, dez. 1996.

_____. II Congresso Municipal de Educação: Teses e Diretrizes. *Cadernos Pedagógicos*, Porto Alegre, n. 21, mar. 2000.

PUJOL-BUSQUETS, Jordi Monés i. Desenvolvimento em liberdade. In: CARBONELL SEBARROJA, Jaume (Org.). *Pedagogias do século XX*. Porto Alegre: Artmed, 2003. p. 26-28.

REGO, Teresa Cristina. *Vygotsky*: uma perspectiva histórico-cultural da educação. 16. ed. Petrópolis: Vozes, 2004.

ROCHA, Cristianne F. *Desconstruções edificantes*: uma análise da ordenação do espaço como elemento do currículo. 1999. 173 f. Dissertação (Mestrado em Educação) – Universidade Federal do Rio Grande do Sul, Porto Alegre, 2000.

ROMANELLI, Otaíza de Oliveira. *História da educação no Brasil*. 29. ed. Petrópolis: Vozes, 2005.

SARAMAGO, José. *As pequenas memórias*. São Paulo: Companhia das Letras, 2006.

SAVIANI, Dermeval. *Escola e democracia*. 37. ed. Campinas, SP: Autores Associados, 2005.

_____. *A nova lei da educação*: trajetória, limites e perspectivas. 7. ed. Campinas, SP: Autores Associados, 2001.

SOARES, Magda. Letramento e alfabetização: as muitas facetas. *Revista Brasileira de Educação*, Rio de Janeiro, n. 25, p. 5-17, jan./abr. 2004. Disponível em: <http://www.anped.org.br/revbrased25.htm>. Acesso em: 25 ago. 2006.

_____. Ponto de vista: alfabetização e letramento têm o mesmo significado? *Pátio – Revista Pedagógica*, Porto Alegre, v. 9, n. 34, maio/jul. 2005. (CD-Rom comemorativo dos 10 anos da revista).

SOTO GÓMEZ, Encarna. Outros tempos para outra escola. In: *Pátio – Revista Pedagógica*, Porto Alegre, v. 8, n. 30, p. 47-50, maio/jul. 2004.

TFOUNI, Leda Verdiani. *Letramento e alfabetização*. 7. ed. São Paulo: Cortez, 2005.

TORRES SANTOMÉ, Jurjo. *Globalização e interdisciplinaridade*: o currículo integra do. Porto Alegre: Artes Médicas, 1998.

TRIVIÑOS, Augusto Nibaldo Silva. *Bases teórico-metodológicas da pesquisa qualitativa em ciências sociais*. *Cadernos de Pesquisa Ritter dos Reis*, Porto Alegre, v. 4, 2001.

TRIVIÑOS, Augusto Nibaldo Silva. (Introdução). In: _____. et al. (Org.). *A formação do educador como pesquisador no Mercosul/Cone Sul*. Porto Alegre: Ed. da UFRGS, 2003. p. 11-16.

VASCONCELLOS, Celso dos S. *Coordenação do trabalho pedagógico*: do projeto político-pedagógico ao cotidiano da sala de aula. 6. ed. São Paulo: Libertad, 2006a.

_____. *Planejamento*: projeto de ensino-aprendizagem e projeto político-pedagógico. 15. ed. São Paulo: Libertad, 2006b.

VEIGA, Ilma Passos A. (Org.). *Projeto político-pedagógico da escola:* uma construção possível. 23. ed. Campinas, SP: Papirus, 2007.

VEIGA-NETO, Alfredo. Espaços, tempos e disciplinas: as crianças ainda devem ir à escola? In: CANDAU, Vera Maria (Org.). *Linguagens, espaços e tempos no ensinar e aprender*. 2. ed. Rio de Janeiro: DP&A, 2001. p. 09-20.

VILAR, A. Matos. *Currículo e ensino para uma prática teórica*. Lisboa: ASA, 1994.

VIÑAO FRAGO, Antonio. *Alfabetização na sociedade e na história*: vozes, palavras e textos. Porto Alegre: Artmed, 2002.

YUS, Rafael. Horário em blocos para a integração curricular e... muito mais. *Pátio – Revista Pedagógica*, Porto Alegre, v. 8, n. 30, p. 8-11, maio/jul. 2004.

ZABALA, Antoni. *Enfoque globalizador e pensamento complexo*. Porto Alegre: Artmed, 2002.

Gabarito

Capítulo 1
a. V
b. F
c. F
d. V
e. V

Capítulo 2
1. c
2. b
3. d
4. Não há resposta certa ou errada. Procure voltar ao texto e verificar se as informações obtidas na pesquisa conferem com o que a legislação prevê.

Capítulo 3
1. O objetivo é comparar se o documento em nível estadual e/ou municipal acompanha as orientações do Conselho Nacional de Educação e do Ministério da Educação. Como tratamos de documentos legais, os pertencentes à esfera mais restrita hierarquicamente (municipal/estadual) não podem ser contrários ao mais abrangente (nacional). É importante assinalar que os itens indicados (de A a H) podem ou não constar do documento analisado, assim como poderão surgir outros tópicos. O aluno poderá destacar que itens aparecem nos documentos em ambos os níveis

(nacional e regional), os quais aparecem apenas no documento regional e no nacional.
2. c
3. e
4. b

Capítulo 4
1. d
2. c
3. a. F
   b. V
   c. F
   d. F
   e. V

Capítulo 5
a. V
b. F. Desde a educação infantil pode-se trabalhar com a ampliação de conhecimentos científicos pela pesquisa, adaptando as atividades às características da faixa etária trabalhada.
c. F. Os conteúdos são elementos básicos nas aprendizagens e na formação do aluno pesquisador, mas precisam estar conectados à realidade, aos interesses e às curiosidades dos alunos para serem mais significativos. O professor precisa selecionar, ordenar e trabalhar esses conteúdos, contribuindo para sua maior significação.
d. V
e. F. A pesquisa precisa ser uma atitude cotidiana de leitura e de análise da nossa realidade, desenvolvida por todos os professores e em todas as disciplinas, promovendo a ampliação dos conhecimentos dos alunos.

Capítulo 6
Ambas as questões são subjetivas e não possuem resposta definitiva. É importante relacionar os elementos contidos no texto com as características observadas na escola, identificando a mútua relação entre a organização dos tempos e dos espaços e a sua proposta pedagógica.

Capítulo 7
a. F. Os termos *alfabetização* e *analfabetismo* podem variar de acordo com o contexto sociocultural.
b. V
c. F. São dois aspectos diferentes. O ambiente alfabetizador refere-se à organização do espaço físico da sala provido de materiais escritos diversificados, bem como à realização de atividades envolvendo a oralidade e a leitura. Já a hipótese alfabética corresponde ao último nível de escrita identificado por Emilia Ferreiro e Ana Teberosky acerca de como as crianças pensam a escrita.
d. V
e. V

Impressão: Maxi Gráfica
Novembro/2014